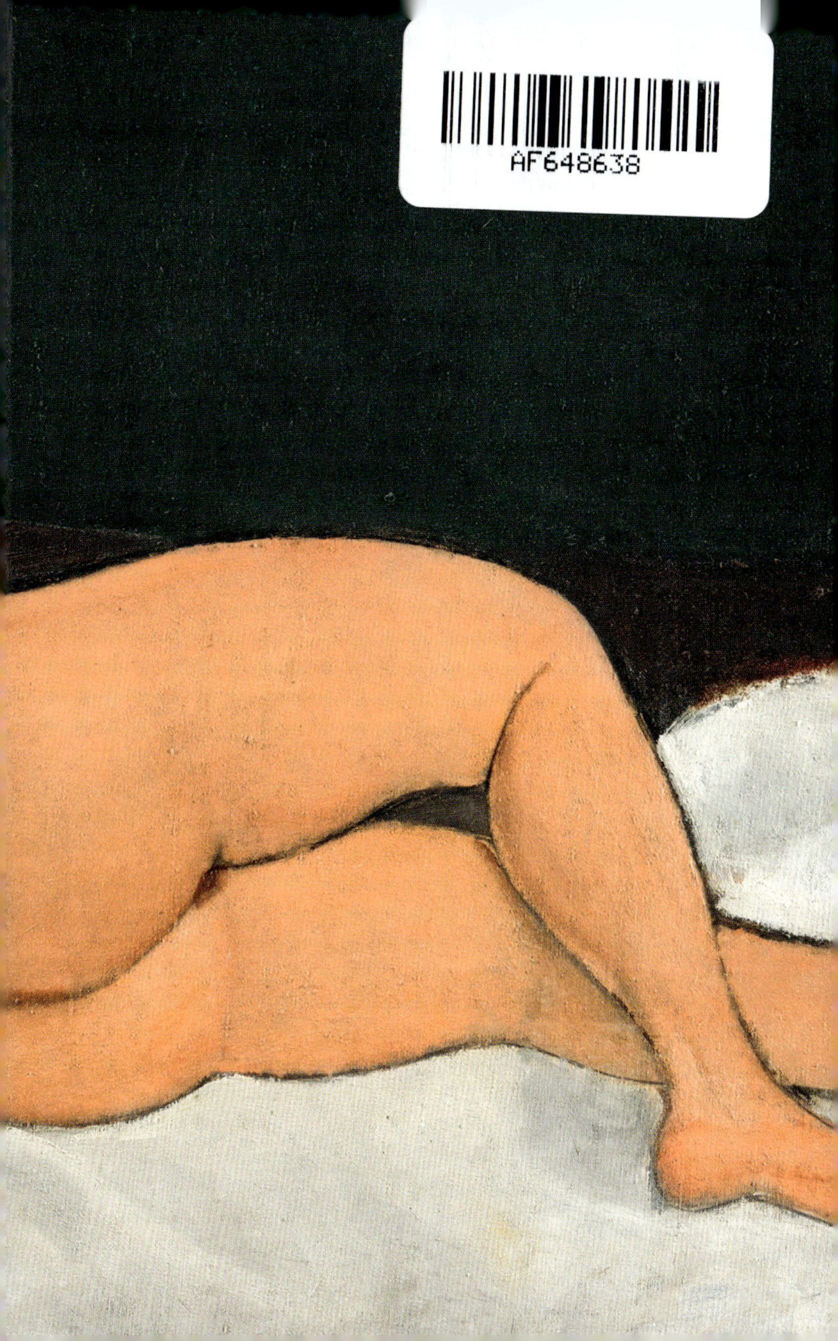

WIENAND[S] KLEINE REIHE
DER KÜNSTLERBIOGRAFIEN

WEITERE TITEL:

OTTO DIX
MAX ERNST
ALEXEJ JAWLENSKY
ERNST LUDWIG KIRCHNER
GUSTAV KLIMT
KÄTHE KOLLWITZ
WILHELM LEHMBRUCK
MAX LIEBERMANN
AUGUST MACKE
PAULA MODERSOHN-BECKER
EDVARD MUNCH
GABRIELE MÜNTER
EMIL NOLDE
CHRISTIAN SCHAD
EGON SCHIELE
MAX SLEVOGT
MARIANNE VON WEREFKIN

Markus Müller

AMEDEO MODIGLIANI

Wienand

Inhalt

EXKURSE

Was bleibt, ist sein Werk. Welche Macht hat es über uns! Man denke nur an Modiglianis Akte und Porträts. Ein Maler des Charakters, der Haltungen, der anmutigen Rhythmen.

Francis Carco, Schriftsteller und Kunstkritiker

Das Künstlerleben als Mythos

Am frühen Nachmittag des 27. Januar 1920 bewegt sich eine zahlenstarke Trauergemeinde zum Pariser Friedhof Père Lachaise. Die imposante Gesellschaft mutet wie ein „Who is who“ der in Paris versammelten Künstleravantgarde an. Ein Großer der Kunst wird von anderen Großen auf seiner letzten Reise begleitet. Constantin Brancusi, André Derain, Chaim Soutine, Moise Kisling, Jacques Lipchitz, Fernand Léger sowie Pablo Picasso folgen dem Sarg des mit 35 Jahren gestorbenen italienischen Bildhauers und Malers Amedeo Modigliani. Der mit Modigliani befreundete Künstler Jacques Lipchitz resümiert das Ereignis wie folgt: „Jedermann hatte das tiefe Gefühl, dass Montparnasse etwas Kostbares, etwas sehr Grundlegendes verloren hatte.“ War es nicht Modigliani selbst, der diesem Freund einmal anvertraute, er wünsche sich ein kurzes, aber intensives Leben?

Den Vornamen und den frühen Tod im Alter von nur 35 Jahren teilt Modigliani mit Wolfgang Amadeus Mozart und wie in dessen Musik herrschen in der Kunst des Italieners Harmonie und Beschwingtheit. Moll-Klänge sucht man hier vergebens, und Amedeos Bilder und Skulpturen verraten nichts von seiner materiellen Misere, von seinen Drogenexzessen und seiner angeschlagenen Gesundheit. Im augenfälligen Gegensatz zu seiner Vita ist seine Kunst scheinbar geprägt durch klassische Ruhe und Schönheit, so als hätten die Widrigkeiten seiner Existenz seine Kunst gänzlich unberührt gelassen. Ob verliebt oder alkoholisiert – der Italiener malt immer bravourös. So besticht sein Œuvre durch eine mit künstlerischen Mitteln scheinbar vollkommen beherrschte emotionale Souveränität.

Amedeo Modigliani
im Alter von 24 Jahren

Nur schwerlich wird man vor diesem Hintergrund Modiglianis Bilder als Stenogramme seiner rastlosen, zu Ausschweifungen neigenden Seele deuten können.

Modiglianis kurzes, exzessives Leben endet jäh und mit ihm jenes seiner Lebensgefährtin und Muse: Die Malerin Jeanne Hébuterne stürzt sich infolge der Nachricht seines Todes hochschwanger aus der elterlichen Wohnung in den Tod. Die gemeinsame Tochter Jeanne ist zu diesem Zeitpunkt gerade einmal 14 Monate alt. Der Tod Modiglianis ist die eigentliche Geburtsstunde seines Künstlermythos, in dem sich Reales mit Fiktivem mischt. In dem Maße, in dem sein Werk internationale Beachtung findet, vermehren Zeitzeugen und Freunde Legenden und Anekdoten, die sich um seine Biografie ranken. So liefert Modiglianis Vita zunehmend das Drehbuch eines an Tragik reichen, exemplarischen Künstlerschicksals. Sein Leben ist wiederholt in Starbesetzung verfilmt worden. Auch die Zahl der ihm gewidmeten Romane ist beträchtlich, ganz zu schweigen von der inflationären Zahl der Biografien.

Schon frühzeitig wird Modigliani das Etikett des letzten mustergültigen Bohemiens verliehen. Der mit ihm in Paris befreundete deutsche Expressionist Ludwig Meidner beschreibt rückblickend diese bereits bei Zeitgenossen verbreitete Sichtweise auf sein Leben: „Unser Modigliani – oder „Modi", wie er allgemein genannt wurde – war ein charakteristischer und gleichzeitig hochbegabter Vertreter der Boheme von Montmartre; wahrscheinlich sogar der letzte echte Bohemien." Mit seiner legendenreichen Vita verkörpert er die Endzeitblüte einer Geisteshaltung und Lebensform, die in dieser gelebten Radikalität wohl nicht wieder erreicht wird. Vom bettelarmen

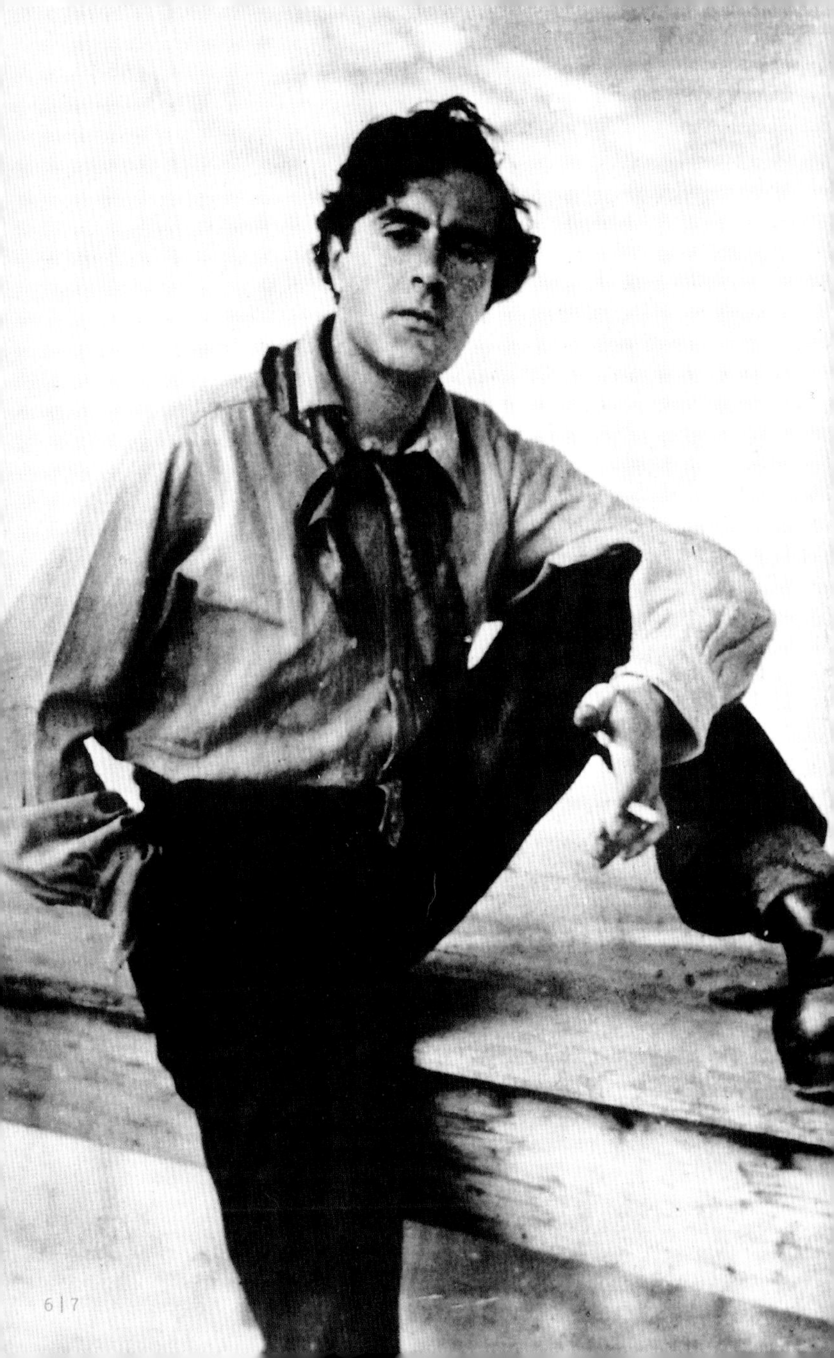

Künstlerbohemien wird Modigliani dann zum posthumen Star des internationalen Kunstmarkts. Schon im Lauf der 20er-Jahre werden ihm erste Ausstellungen gewidmet. Der amerikanische Multimillionär und Kunstsammler Albert C. Barnes kauft bereits 1923 in Paris zahlreiche Modigliani-Gemälde für seine Sammlung. In Amerika und Europa steigen die Preise für die Werke des Italieners rasant. 2015 zahlt schließlich bei einer Auktion ein chinesischer Multimilliardär die Rekordsumme von 170,4 Millionen Dollar für einen liegenden Frauenakt des Künstlers. Die Aura des Außergewöhnlichen und Genialen wird nun endgültig materiell kanonisiert und abgesichert. Modigliani, der mit seiner Kunst von der Hand in den Mund lebte, ist gut hundert Jahre nach seinem Tod in den Olymp des elitären, sogenannten 100-Millionen-Dollar-Clubs aufgestiegen, wo neben ihm vom Handel hoch ästimierte Künstler wie Francis Bacon, Alberto Giacometti und Pablo Picasso Aufnahme gefunden haben.

Zu Lebzeiten hatte er lediglich eine einzige Einzelausstellung, heute ist Modigliani hingegen Garant für ein zahlenstarkes Publikum in aller Welt. Schon angesichts dieser kurzen Skizze der Rezeptionsgeschichte Modiglianis drängen sich unweigerlich Parallelen zu Vincent van Gogh auf. Auch hier finden wir das vergebliche Ringen um Anerkennung zu Lebzeiten, die materielle Misere, die angeschlagene Gesundheit und den frühen Tod. Beide Künstler eint ferner der posthume Erfolg und der Aufstieg zum Star des internationalen Ausstellungsbetriebs und Kunstmarktes. Ebenso teilen sie den zweifelhaften Ruhm, die beiden am meisten mystifizierten und romantisierten Künstler der Moderne zu sein.

Anfänge in Italien

Es entspricht einer landläufigen Vorstellung, dass die Geburt bedeutender Menschen von einschneidenden Ereignissen begleitet wird. Amedeo Clemente Modigliani erblickt als Kind der Eheleute Flaminio und Eugenia Modigliani am 12. Juni 1884 in Livorno das Licht der Welt. Als die Wehen einsetzen, steht der Gerichtsvollzieher vor der Tür des repräsentativen Patrizierhauses in der Via Roma. Vater Flaminio ist im Holz- und Kohlehandel tätig und besitzt eine Silbermine auf Sardinien. Seine Unternehmungen sind in schwere wirtschaftliche Schwierigkeiten gekommen, sodass er im Sommer 1884 Konkurs anmelden muss. Die Geburt des vierten und letzten Kindes der Eheleute Modigliani im Sommer desselben Jahres steht unter keinem guten Stern.

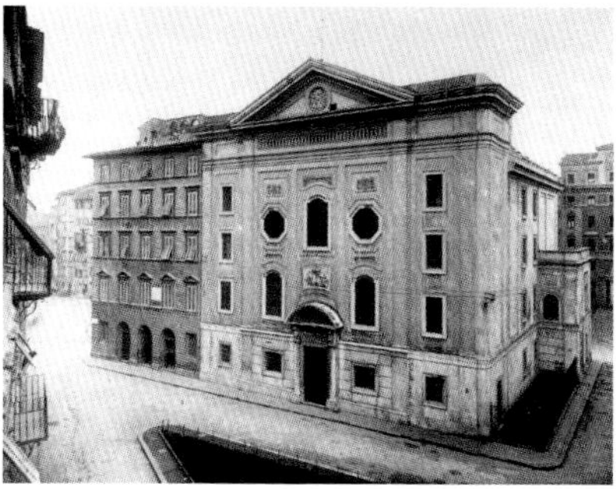

Die Alte Synagoge von Livorno

Beide elterlichen Familien sind sephardische Juden, die im 16. Jahrhundert aus Spanien übersiedelten. Ferdinand I., Großherzog der Toskana, hatte im späten 16. Jahrhundert eine offensive Siedlungspolitik betrieben, um Juden in Livorno ansässig werden zu lassen. Mit einem entsprechenden Edikt öffnete er den Weg, dort sephardische Juden aus Portugal und Spanien anzusiedeln. So wird Livorno von Chronisten und Historikern wiederholt als das „Paradies der Juden" beschrieben. Das Leben im jüdischen Ghetto kennt die Familie Modigliani nicht. Livorno besitzt zu Lebzeiten Amedeos eine der größten und repräsentativsten Synagogen Italiens, die im frühen 17. Jahrhundert erbaut

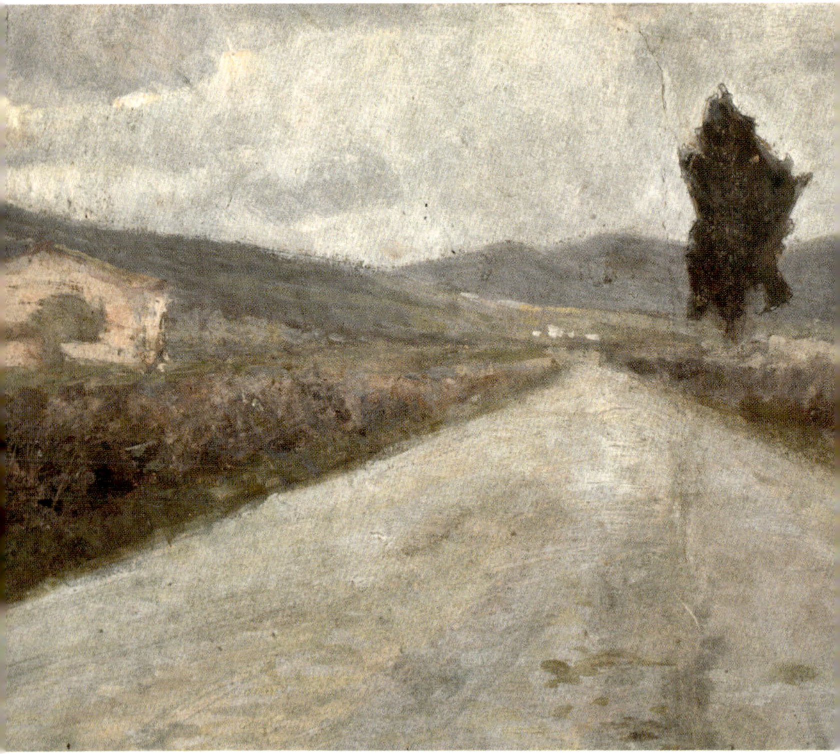

Kleine Landstraße in der Toskana, um 1898, Öl auf Karton, 21 × 35, 8 cm

Aus Amedeos frühen Lehrjahren ist eine Ölskizze auf Karton erhalten, die eine kleine toskanische Landstraße zeigt. Sie besticht durch ihren lockeren Farbduktus im Wechsel von zart lasierenden Farbpartien und solchen, die in starkem **Impasto*** aufgetragen sind. Der angehende Künstler ist ferner schon recht versiert im tonalen Modulieren zarter Farbnuancen. Das Werk scheint gänzlich dem Esprit der Macchiaioli-Malerei verpflichtet und repräsentiert eine etwas schwerblütige, in erdigem Kolorit gehaltene Lesart der französischen Freilichtmalerei.

wurde. Dort heiraten im Januar 1872 Flaminio Modigliani und Eugenia Garsin, die aus einer Kaufmannsfamilie aus Marseille stammt. Intellektuelle Impulse erhält der junge Amedeo insbesondere von der Mutter, die polyglott, weltoffen und belesen ist. Sie hatte ein englisches Kindermädchen und spricht folglich neben Französisch und Italienisch auch fließend Englisch. Dem jungen Amedeo wird seine Gewandtheit im Französischen später in Paris zugutekommen. So befördert seine Mehrsprachigkeit die Integration in der französischen Metropole im Gegensatz zu anderen Künstlern, die wie Pablo Picasso oder Marc Chagall Jahrzehnte brauchen, um fehlerhaftes Französisch zu sprechen.

Die Familie Modigliani kultiviert zwei Legenden, die mustergültig ihren kaufmännischen und intellektuellen Stolz illustrieren. Zum einen rühmen sich die aus Rom stammenden Modiglianis, Bankiers des Papstes gewesen zu sein, zum anderen berufen sich die Ahnen von Eugenia Garsin auf ihre Abstammung vom Philosophen Baruch Spinoza. Beide Familienlegenden enthalten mystifizierende und glorifizierende Aspekte. 1849 lieferte Emmanuele Modigliani Metall für die Münze des Vatikans. Dies ist laut Auskunft der einzigen Tochter von Amedeo Modigliani die bescheidene historische Wahrheit hinter der

Bankierslegende des Heiligen Stuhls. Im Hinblick auf die zweite Familienlegende ist festzuhalten, dass der religionskritische Philosoph Baruch Spinoza kinderlos blieb. Es kann sich also bestenfalls um eine familiäre Seitenlinie eines seiner Geschwister handeln, auf die sich die mütterlichen Vorfahren von Amedeo Modigliani berufen.

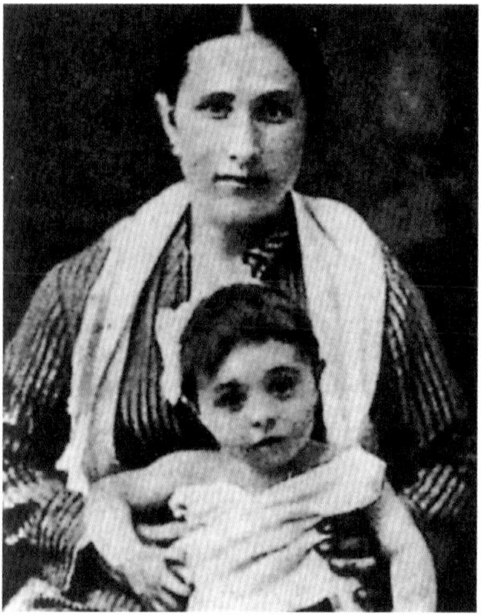

Dedo mit seinem Kindermädchen, um 1886

Amedeo, dem seine Familie den Kosenamen „Dedo" gibt, ist kein brillanter Schüler und von kränklichem Naturell. Gleich mehrmals erkrankt er in seiner Kindheit und Jugend schwer und wird sein Leben lang an den Spätfolgen dieser Erkrankungen leiden. Die Mutter beginnt 1886 Tagebuch zu führen und vermerkt dort im Mai desselben Jahres, Dedo sei „ein bisschen verwöhnt, ein wenig launisch, aber hübsch wie ein Herz". Im Sommer 1895 erkrankt Dedo an einer schweren Rippenfellentzündung, die die Mutter tief beunruhigt. Sie notiert in ihrem Tagebuch in diesem Zusammenhang: „Der Charakter dieses Kindes ist noch nicht ausgeprägt genug, als dass ich an dieser Stelle meine Meinung dazu abgeben könnte. Seine Manieren sind diejenigen eines verwöhnten Kindes, dem es nicht an Intelligenz mangelt. Später werden wir sehen, was sich hier entpuppt. Vielleicht ein Künstler?" Früh bricht sich die künstlerische

Er besaß alle Eigenschaften seines nervös-temperamentvollen, feinsinnigen, überschwänglichen Italien. Gustave Coquiot, Kunstschriftsteller

Neigung bei ihm Bahn und die mütterlichen Worte aus dem Jahr 1895 erhalten vor diesem Hintergrund einen geradezu visionären Charakter. Im Alter von 13 Jahren feiert Amedeo übrigens seine Bar Mizwa, wird also vollgültiges Mitglied der jüdischen Gemeinde in Livorno.

Amedeo verlässt mit der „licenza ginnasiale" die Oberschule und wird ab 1898 Schüler von Guglielmo Micheli (1866-1926), der in Livorno eine private Kunstschule betreibt. Micheli selbst ist Schüler von Giovanni Fattori gewesen, einem Vertreter der **Macchiaioli***, einer italienischen Spielart des Impressionismus. Micheli hat damals neun Schüler, von denen der 14-jährige Dedo der jüngste ist. Er freundet sich dort mit dem 23-jährigen und ältesten Schüler Oscar Ghiglia an. Die an ihn gerichteten Briefe haben Bekenntnischarakter und sind kostbare autobiografische Dokumente eines ansonsten nicht an Theorienbildung interessierten angehenden Künstlers.

Amedeo Modigliani (ganz rechts) im Kreise seiner Mitschüler

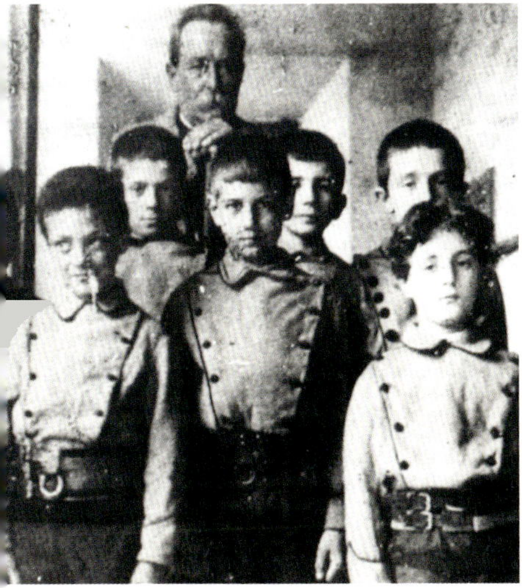

In Italien gibt es keine Bewegung moderner Kunst. Noch Händler und Galerien. Die moderne Malerei existiert nicht. Es gibt Modigliani und mich; aber wir sind beinahe Franzosen. Die Malerei Modiglianis ist ziemlich gut. Giorgio de Chirico, Maler

Seine frühen Briefe an den Studienfreund Oscar Ghiglia geben zu erkennen, dass Modigliani als junger Mann eine ausgesprochen antibürgerliche, vom Ästhetizismus geprägte Vorstellung von modernem Künstlertum vertritt. So heißt es programmatisch in einem der erhaltenen Briefe: „Wir (verzeih den Plural) haben andere Rechte als normale Leute, denn unsere Bedürfnisse sind anders und stellen uns – es muss gesagt und geglaubt werden – über ihre Moral. Es ist Deine Pflicht, Dich niemals im Opfer zu verzehren. Deine wirkliche Pflicht ist es, Deinen Traum zu retten. Auch die Schönheit hat schmerzhafte Rechte: doch gehen aus ihnen die schönsten Anstrengungen der Seele hervor.“ In etwas altklug klingender Manier propagiert der junge Modigliani hier den gesellschaftlichen und moralischen Ausnahmestatus des Künstlers. Künstlertum wird von ihm mit einem gewissen Leidenspathos im Dienste der Schönheit assoziiert. Die Zeilen aus der Feder Modiglianis muten wie ein virtuoses Amalgam von Gelesenem an, denn aus eigenem künstlerischen Erfahrungsschatz kann der junge angehende Maler und Bildhauer hier noch nicht sprechen.

Am 10. April 1899 findet sich folgender weiterer Eintrag im Tagebuch seiner Mutter: „Dedo hat seine schulische Ausbildung gänzlich aufgegeben und malt nun den ganzen Tag und täglich mit einer tiefen Leidenschaft, die mich erstaunt und begeistert." Diese Worte lassen im Tenor mütterliche Tolerierung, ja sogar Enthusiasmus im Hinblick auf seine leidenschaftliche künstlerische Orientierung erkennen. Der französische Dichter André Salmon hat in seiner romanhaft verklärten Biografie des Künstlers, mit der er einer der maßgeblichen Architekten des Modigliani-Mythos wird, einen familiären Konflikt zwischen dem jungen Amedeo und seiner ihn ursprünglich für den Kaufmannsberuf bestimmenden Familie gezeichnet, die sich zumindest nicht auf schriftliche Quellen stützen kann.

Dedo erkrankt 1899 an Typhus und bekommt im Folgejahr, also im Alter von 16 Jahren Tuberkulose, deren Folgen seine Mutter durch eine ausgedehnte Reise mit ihrem jüngsten Sohn nach Neapel, Amalfi, Capri, Rom und Venedig auszukurieren versucht. 1902 wechselt Modigliani ins Florentiner Atelier von Giovanni Fattori, den er in der Malakademie Michelis kennengelernt hat. Dieser ist zum Zeitpunkt des Wechsels bereits 77 Jahre alt und hat schon seit geraumer Zeit den Zenit seiner Karriere überschritten. Modigliani hat es allem Anschein nach nicht gerade mit der Speerspitze der künstlerischen Avantgarde in Italien zu tun. Dass er zum Frühjahr 1903 nach Venedig wechselt, verwundert vor diesem Hintergrund nicht. Dort schreibt er sich an der „Scuola libera di Nudo" am Istituto di Belle Arti ein. Einer seiner dortigen Studienkollegen ist übrigens Umberto Boccioni, der wenige Jahre später zu einem führenden Vertreter der italienischen **Futuristen*** werden wird.

Jüdische Künstler und die Pariser Schule

Als Modigliani 1906 nach Paris geht, polarisiert die Rehabilitierung von Alfred Dreyfus die französische Öffentlichkeit. Die Verurteilung des jüdischen Offiziers wegen Spionage hatte Frankreich im Jahr 1900 in Dreyfusards und deren Gegner gespalten. Modigliani ist kein orthodoxer Jude, obgleich das Judentum Bestandteil seiner Identität ist. So berichtet der Künstlerfreund Lipchitz in seinen Lebenserinnerungen, Modigliani sei einmal in eine Schlägerei mit royalistischen Antisemiten verwickelt gewesen, durch deren Äußerungen er sich provoziert gefühlt habe. Sein zwischenzeitlicher Kunsthändler Paul Guillaume hat in dem Zusammenhang ausgeführt: „Er war Jude und es gefiel ihm, dass man auch sein künstlerisches Werk für semitisch hielt …“

Chaim Soutine, um 1915

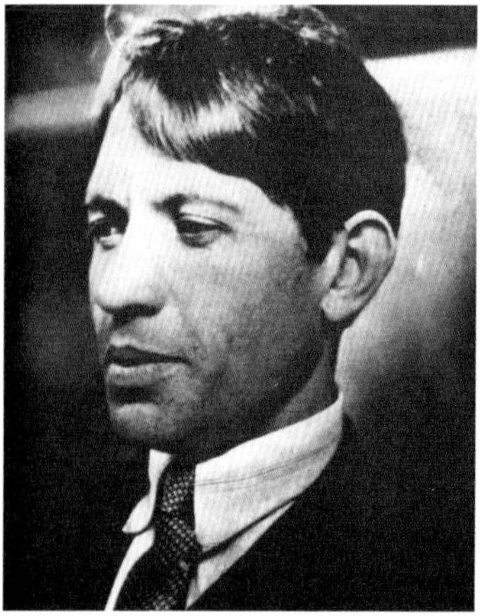

Modiglianis Pariser Künstlerfreunde Chaim Soutine und Moise Kisling sind osteuropäische Juden. Im Gegensatz zu ihnen kennt Modigliani als sephardischer Jude jedoch nicht die Ghettoisierung und das Leben im Schtetl. Im Livorno seiner Kindheit leben die Juden vollständig integriert und assimiliert. Wiederholt ist kunstgeschichtlich der Versuch gemacht worden, einen gemeinsamen Nenner für die jüdische Avantgarde in Paris zu finden. Hierbei gelangt man jedoch zu dem Schluss, dass das Trennende überwiegt. Nicht der jüdische

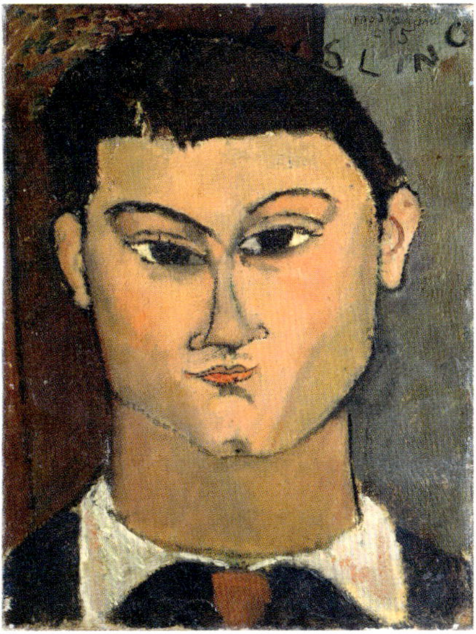

Porträt Moise Kisling, 1915,
Öl auf Leinwand, 37 × 29 cm

Glaube ist die künstlerische Klammer, sondern der Umstand, dass die in Paris empfangenen Einflüsse eine künstlerische „lingua franca" schaffen, die nur hier denkbar ist. So fungiert die Metropole als stilistischer „Melting Pot". Mit dem Terminus der „Ecole de Paris" schafft der Kunstkritiker André Warnod 1925 eine Begrifflichkeit dafür. Religiöse oder nationale Besonderheiten der Künstler werden mit diesem Sammelbegriff aufgefangen. Es geht um die Hegemonie von Paris als internationaler Kunstmetropole, in der alle Idiome und Besonderheiten zu einer unverwechselbaren Synthese verschmelzen.

Eine solche Konzeption von Paris als kosmopolitischem Schmelztiegel für die internationale Avantgarde gefällt in den 20er- und 30er-Jahren jedoch keineswegs der konservativen französischen Kunstkritik mit bisweilen antisemitischem Unterton. Der Umstand, dass spanische, italienische oder russische Künstler zu Repräsentanten der Ecole de Paris werden, kratzt am nationalen Ehrgefühl mancher französischen Kritiker. Auch erschaffen einige von ihnen den Mythos einer künstlerischen Avantgarde in Paris, die eine konspirative Verbindung aus jüdischen Künstlern mit gleichfalls jüdischen Galeristen sei.

Aus Dedo wird Modi – die frühen Pariser Jahre

In seinem Gedicht *Paris brennt* beschreibt der Schriftsteller Yvan Goll die französische Metropole als „Diamanten am Halse Europas“. Dieser funkelnde Diamant muss auch eine enorme Anziehungskraft auf den jungen Amedeo Modigliani ausgeübt haben, ist Paris doch zu Beginn des 20. Jahrhunderts das Zentrum der Künste schlechthin. Die französische Hauptstadt ist ein internationaler Schmelztiegel für die Avantgarden der Epoche. Sie ist die kosmopolitische Republik der Literaten und bildenden Künstler jener Zeit. 1906, also im selben Jahr wie Modigliani, zieht auch sein Landsmann Gino Severini nach Paris, wo er im Februar 1909 zu den Unterzeichnern des ***Futuristischen Manifests**** werden wird, das Italiens Beitrag zur Moderne begründet. Es verwundert also nicht, dass es Modigliani im Alter von 22 Jahren drängt, in dieser Stadt den Anschluss an die aktuellsten Strömungen der Kunst zu finden. Modigliani wird, unterbrochen durch Reisen in seine italienische Heimat, insgesamt vierzehn Jahre in Paris leben. Dies ist mehr als ein Drittel seines kurzen, aber intensiven Künstlerlebens, und die vierzehn Jahre markieren die Periode seiner künstlerischen Selbstfindung und frühen Reife. Der Kunstkritiker Florent Fels hat einmal die Feststellung getroffen, dass der junge Italiener ohne die Verlagerung seines Lebensmittelpunktes nach Paris nicht zu dem Modigliani geworden wäre, der in die Kunstgeschichte eingegangen ist. Der kulturelle Klimawechsel von Venedig nach Paris wirkt katalytisch auf sein Schaffen. Die Herzen der Pariser Damenwelt fliegen dem attraktiven Italiener zu. Fernande Olivier, Picassos erste französische Muse, beschreibt enthusiastisch den „schönen Römerkopf“ Modiglianis. Verse von Dante oder D'Annunzio rezitierend präsentiert sich der junge Künstler als kultivierter,

Weiblicher Akt mit Hut, 1907/08, Öl auf Leinwand, 81 × 54 cm

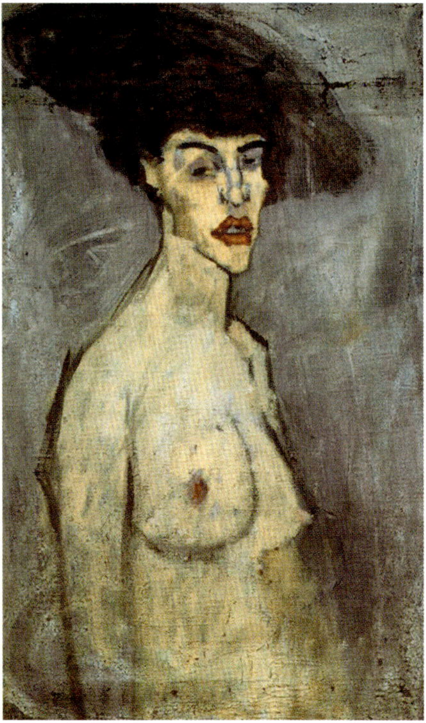

Das aus den Jahren 1907/08 datierende Gemälde *Weiblicher Akt mit Hut* gehört zu den frühen in Paris entstandenen Werken. Arthur Pfannstiel, einer der ersten Biografen Modiglianis, hat dem Gemälde 1929 in seinem *Catalogue présumé* den angeführten Titel gegeben, dem Dr. Paul Alexandre als frühester Förderer Modiglianis widersprach. Bei der ellipsenförmigen Fläche um das Haupt der Dargestellten handle es sich lediglich um den dunklen Bildhintergrund, nicht jedoch um einen Hut. Da aber Modiglianis zeitgleich entstandene Frauenfiguren wiederholt mit breitrandigen Hüten dargestellt sind, liegt es nahe, dass der Künstler auch hier ein solches Motiv plante. Auffällig ist die kantige, fragile Charakterisierung der Frauenfigur durch hohe, spitze Backenknochen, üppige Brüste und sinnlich aufgeworfene Lippen.

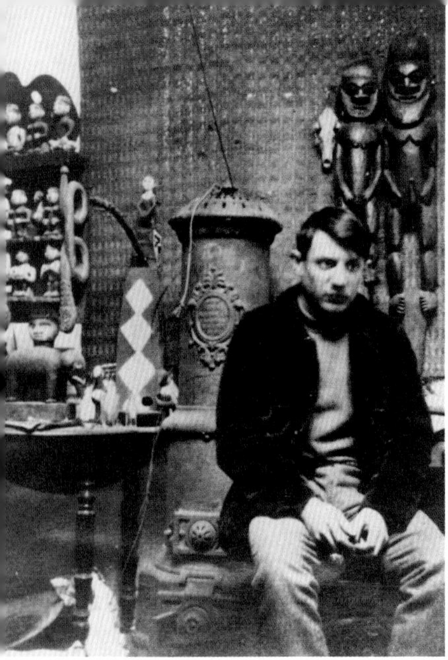

Pablo Picasso in seinem Atelier im Bateau-Lavoir, Paris 1908

wohlerzogener Spross aus bürgerlichem Hause. Dieses Charakterbild trübt sich jedoch zunehmend unter dem Einfluss exzessiven Alkoholkonsums in den Pariser Jahren ein. Insbesondere mit Beginn des Ersten Weltkriegs mutiert Modigliani zu einem schweren Trinker, der bisweilen in den Pariser Cafés durch rüpelhafte Ausfälle von sich reden macht.

Amedeos erstes Pariser Quartier liegt auf dem Montmartre, wobei dieses Stadtviertel 1906 noch das Zentrum der künstlerischen Avantgarde in Paris ist. Picasso hat hier im sogenannten Bateau-Lavoir sein Atelier. In den Jahren 1909/10 verlagert sich der Schwerpunkt der führenden Künstlerateliers merklich vom Montmartre in Richtung auf den Stadtteil Montparnasse. Auch Modigliani folgt mit seinem Umzug diesem Trend. Er soll in Paris über dreißig Adressen gehabt haben, ein Umstand, in dem die Rast- und Ruhelosigkeit des jungen Künstlers augenfällig wird.

Das Modell, das der Maler im Gemälde *Weiblicher Akt mit Hut* verwendet, ist identisch mit der Gestalt auf dem Gemälde *Die Jüdin,* das Modigliani im **Salon des Indépendants*** 1908 öffentlich präsentiert. Die Konturlinien des weiblichen Aktes sind mit breitem Pinsel in schnellem Duktus ausgeführt. Partiell hat der Künstler einen halbtrockenen Pinsel benutzt, sodass

Wir (verzeih den Plural) haben andere Rechte als normale Leute, denn unsere Bedürfnisse sind anders und stellen uns – es muss gesagt und geglaubt werden – über ihre Moral. Es ist Deine Pflicht, Dich niemals im Opfer zu verzehren. Deine wirkliche Pflicht ist es, Deinen Traum zu retten. Auch die Schönheit hat schmerzhafte Rechte: doch gehen aus ihnen die schönsten Anstrengungen der Seele hervor.

Amedeo Modigliani an den Studienfreund Oscar Ghiglia

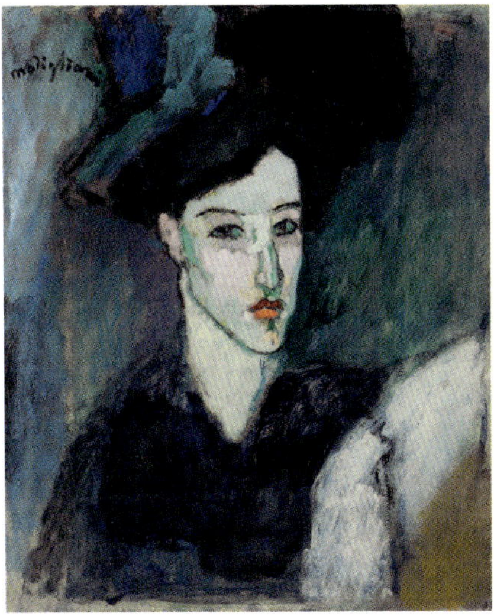

Die Jüdin, 1907/08, Öl auf Leinwand, 55 × 46 cm

die Leinwand der Strichführung eine Binnenstruktur verleiht. Modigliani moduliert hier wenig mit farbigen Abstufungen, er zeichnet vielmehr mit dem Pinsel in bisweilen langen Zügen. Wohl aus Mangel an Malmaterialien hat der Künstler die Leinwand auf Vorder- und Rückseite bemalt. Dort findet sich das Porträt von Maud Abrantès, die den italienischen Künstler zum Jahresende 1907 begleitet, als er Dr. Paul Alexandre und seiner bohemehaften Künstlerkolonie in der Pariser Rue Delta vorgestellt wird. Dr. Paul Alexandre, der erste Gönner und Förderer Modiglianis in Paris, ist etwas älter als der italienische Maler und kunst-

Die Amazone, 1909,
Öl auf Leinwand,
92 × 65 cm

sinniger Dermatologe. Er sammelt in seinem Domizil auf dem Montmartre die Avantgarde um sich, bietet jungen Künstlern in dem heruntergekommenen, doch weitläufigen Haus Räumlichkeiten zur künstlerischen Arbeit und veranstaltet rauschende Boheme-Feste. Auf einem Foto, das Dr. Alexandre und befreundete Ehepaare in exotischer Kostümierung im Haus in der Rue Delta zeigt, erkennt man im Hintergrund links an der Wand *Die Jüdin*. In den Jahren seiner freundschaftlichen Verbindung mit Modigliani, die 1913 aus unbekannten Gründen endet, sammelt Dr. Paul Alexandre mehrere hundert Werke, vornehmlich Zeichnungen, von der Hand seines Künstlerfreundes.

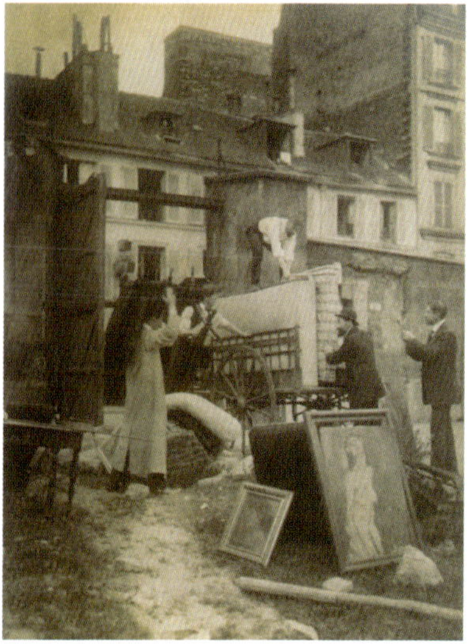

Dr. Paul Alexandre (stehend auf dem Wagen) bei seinem Umzug am Place Dancourt, im Vordergrund zwei Werke Modiglianis, 1913

Dr. Paul Alexandre und auch sein jüngerer Bruder Jean fördern und protegieren den in Paris sich als Maler und Zeichner zu etablieren suchenden Modi. So verschafft ihm Paul Alexandre einen Porträtauftrag bei einer mit ihm befreundeten Adeligen. Ein vom 29. März 1909 datierter Brief des Pharmazie-Studenten Jean Alexandre an seinen gerade in Wien weilenden Bruder Paul erwähnt die Genese dieses Porträts, das wegen der Reitkleidung der Dargestellten den Titel *Die Amazone* trägt. Jean Alexandre führt

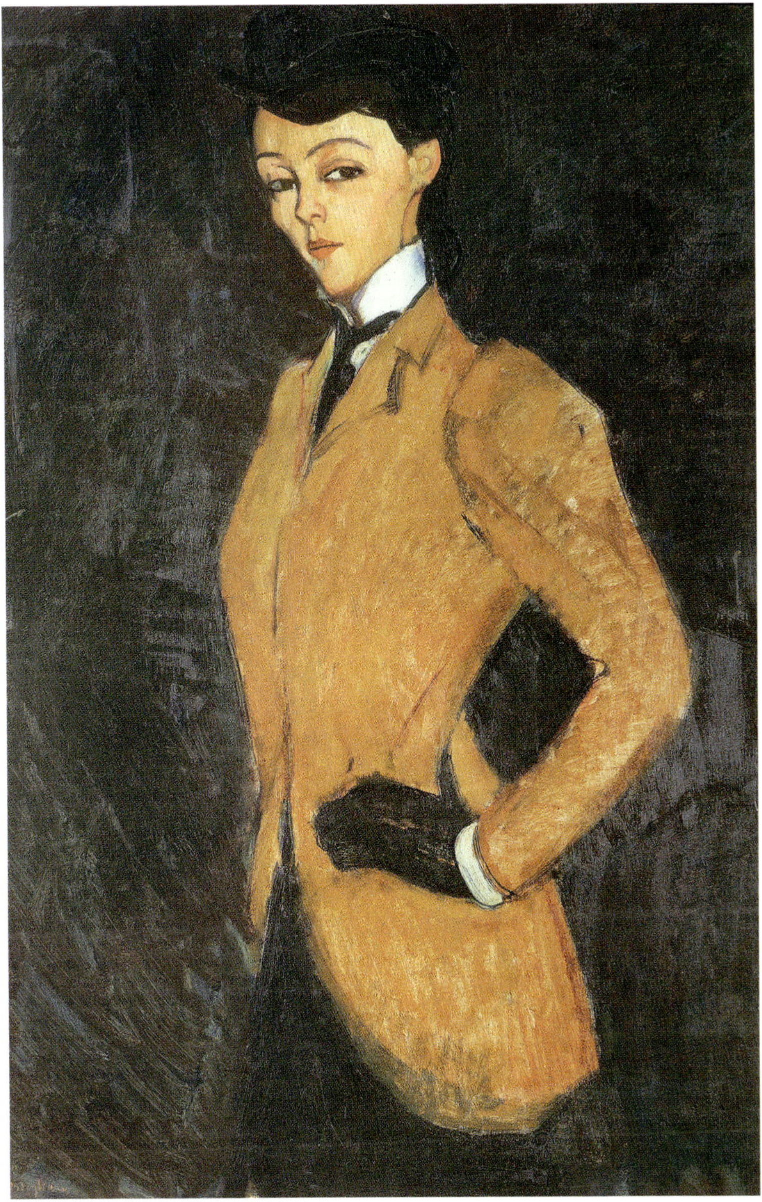

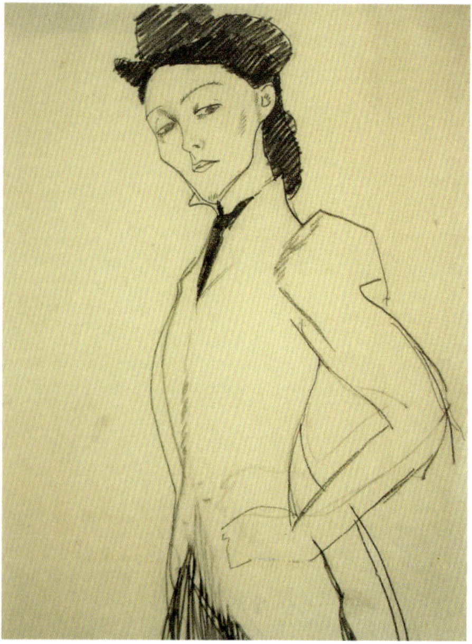

Vorstudie zu **Die Amazone**, 1909, Bleistift auf Papier, 30,9 × 23,2 cm

aus, dass er Modi mittellos und mit leerem Magen angetroffen habe. „Im übrigen dachte ich mir das schon, weshalb ich ihm zwanzig Francs Vorschuss auf das Porträt der Amazone gegeben habe. Zwar ist es noch kaum auf der Leinwand skizziert, aber es scheint sehr gelungen, da es gut angelegt ist. Morgen arbeitet er mit seinem Modell daran weiter."

Ausgesprochen keck und selbstbewusst blickt die Frauengestalt mit Gehrock, Stehkragen und Krawatte sowie Hut leicht von oben auf den Betrachter. Ihre behandschuhte Linke stemmt sie selbstbewusst in die Hüfte. Ihrer Passion folgend hat sich die Auftraggeberin von Modigliani in weiblicher Reitertracht darstellen lassen. Das Gemälde wird durch zahlreiche zeichnerische Vorstudien vom Kopf der Baronin und von der Gesamtkomposition präludiert. Die Porträtierte mag das finale Werk Modiglianis jedoch nicht. Ihre Missbilligung soll auch dem Umstand geschuldet sein, dass der Künstler in letzter Minute ihre rote Reiterweste mit einem gelborangen Ton übermalt hat. In der expressiven Farbgebung der Pariser Frühwerke verbinden sich Einflüsse der jungen Fauvisten mit solchen, die Modigliani aus dem Pariser Frühwerk Picassos empfangen zu haben scheint.

CÉZANNE-REZEPTION

Die ersten Pariser Jahre sind in der Biografie Modiglianis durch eine tastende Suche im Hinblick auf die künstlerische Selbstfindung gekennzeichnet. Diese vollzieht sich im Assimilieren fremder Einflüsse, die schrittweise in eine eigene künstlerische Handschrift überführt werden. Ungeachtet seiner frühen Bekanntschaft mit Pablo Picasso auf dem Montmartre erkennt Modigliani offensichtlich die Gefahr, die vom alles verschlingenden, schöpferischen Furor des Spaniers ausgeht. Der Dichterfreund André Salmon hat Modiglianis instinktive künstlerische Distanznahme zu Picasso einmal in der treffenden Formulierung beschrieben, beide seien „Caféhaus-Freunde“, aber nicht „Atelier-Freunde“ gewesen.

Während Modigliani dem stilistischen Chamäleon Picasso mit respektvollem innerem Abstand begegnet, bewundert er rückhaltlos das Schaffen Paul Cézannes. Dieser große „Vater der Moderne“ stirbt im Jahr von Modiglianis Umsiedlung nach Paris im heimatlichen Aix-en-Provence. Im Juni 1907 veranstaltet die Pariser Galerie Bernheim-Jeune eine ihm gewidmete Ausstellung mit 79 Aquarellen und im Herbstsalon desselben Jahres sind in zwei Sälen insgesamt 56 Werke von ihm zu sehen. Georges Braque führt über Cézanne aus: „Es war mehr als Einfluss. Es war eine Initiation. Cézanne war der erste, der sich

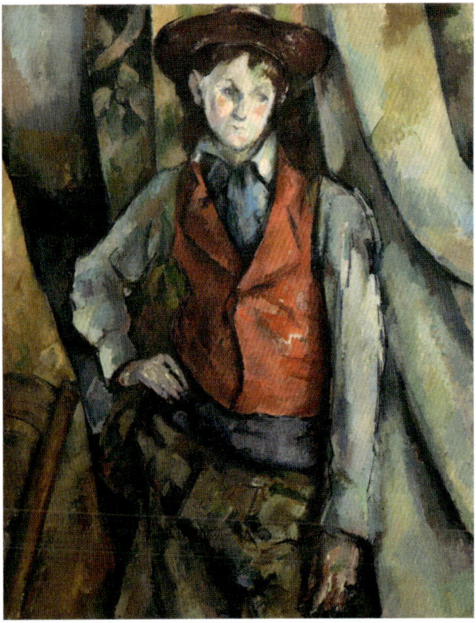

Paul Cézanne, **Junge mit roter Weste**, 1888–90, Öl auf Leinwand, 89,5 × 72,4 cm

von der gelehrten, mechanisierten Perspektive abwandte." Einen vergleichbaren Stellenwert hat der Maler aus Aix auch für das Schaffen Modiglianis. Er begeistert sich für die Bildstruktur und malerische Logik der Werke von Cézanne. Insbesondere dessen Gemälde *Junge mit roter Weste* wird für ihn zu einer anbetungswürdigen Ikone.

Modiglianis Gemälde *Der Bettler von Livorno* aus dem Jahr 1909 ist ein mustergültiges Beispiel für die Assimilierung Cézanne'scher Bildstrategien im Pariser Frühwerk des Italieners, wobei seine Echtheit noch nicht zweifelsfrei verifiziert wurde. Das Gemälde zeigt bereits in seinem blau-grünen Kolorit eine farbige Orientierung am Meister aus Aix. Ferner verdünnt Modigliani die Ölfarbe in bewegtem Pinselduktus so, dass beinahe der Eindruck entsteht, es handle sich um ein Aquarell, ganz wie die in dieser Technik ausgeführten Werke

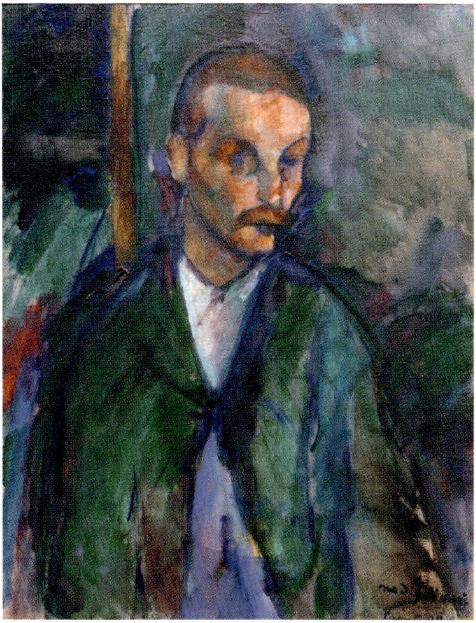

Der Bettler von Livorno, 1909, Öl auf Leinwand, 65,8 × 53,4 cm

Cézannes, welche er 1907 in der Galerie Bernheim-Jeune sehen konnte. Modigliani gestaltet sein Gemälde in modulierten Farbübergängen, die unter dem Begriff der „passage" als Charakteristikum der Malweise Cézannes gelten. Ein solcher Farbauftrag ist insbesondere im Gesicht des Bettlers und in seiner Weste meisterlich orchestriert. Die flächig-strukturierende Farblogik von Cézanne ist hier solchermaßen vom Italiener verinnerlicht, dass man fast schon von einem stilistischen Pasticcio sprechen könnte.

Das im selben Jahr entstandene Gemälde *Der Cellist* lässt gleichfalls die Beschäftigung mit den Werken Cézannes erkennen. Die kompositorische Bildstruktur und die Farbgestaltung lehnen sich – wenn auch in weniger expliziter Weise als beim *Bettler von Livorno* – an den Stil des verehrten Vorbilds an. Der hier dargestellte junge Musiker war zeitweise Nachbar des

Modigliani war ein Aristokrat. Sein gesamtes Werk legt dafür ein überwältigendes Zeugnis ab. Seine Leinwände sind von unendlicher Würde und Vornehmheit geprägt: man wird in ihnen nichts Gewöhnliches, Grobes, Banales finden.

Maurice de Vlaminck, Maler

Künstlers. Er stellt ihn ins Spiel versunken in seiner kleinen Stube dar. Den rückwärtigen Kaminsims bekrönt ein Spiegel, dessen linker Rahmen den Kopf des bärtigen Musikers bildmittig hinterfängt. Die Gestalt des Cellisten nimmt sich im Vergleich zum bauchigen Instrumentenkörper vergleichsweise zart und fragil aus. Gleichsam als Echoform wiederholt die aus Bugholz gebildete Rückenlehne des Stuhls den Bogen schwingenden Arm des Musikers. Armut und selbstgenügsame Mittellosigkeit teilen sich dem Betrachter durch die klaustrophobische Enge des Intérieurs mit. In Gestalt des Cellisten hat Modigliani die mustergültige Figur eines musischen Menschen geschaffen, dem seine Kunst offensichtlich alles bedeutet und der den materiellen Wohlstand als zu vernachlässigende Größe betrachtet. Der Maler muss dieses Werk als äußerst gelungen angesehen haben, denn er stellt es 1910 im Salon des Indépendants öffentlich aus.

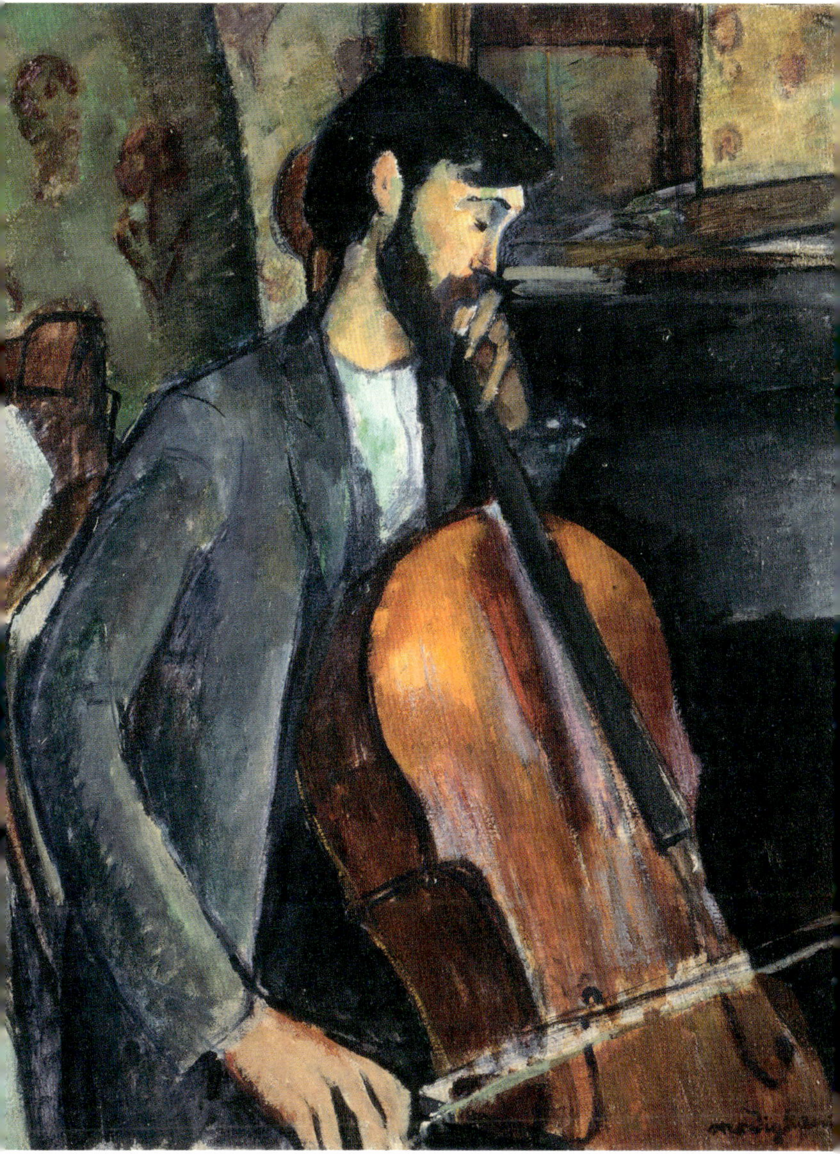

Der Cellist, 1909, Öl auf Leinwand, 73 × 60 cm

Kreativität und Drogenkonsum

Die Frage, ob und in welcher Weise der Drogenkonsum das Schaffen Modiglianis beeinflusst hat, ist von Zeitzeugen und Biografen unterschiedlich beantwortet worden. Der Dichter André Salmon hat 1926 eine frühe Biografie Modiglianis verfasst, in der er festhält: „Dieser Don Juan der Flasche verdankt nichts dem Alkohol." Salmon darf mit diesen Worten als einer der ersten Autoren gelten, die Drogen nicht als Inspirationsquellen für Modigliani ansehen. Sein künstlerisches Genie – so die These – sei vom Haschisch- und Alkoholkonsum völlig unabhängig gewesen. Arthur Pfannstiel vertritt eine entgegengesetzte Position. Er schreibt dem Drogenkonsum einen großen Stellenwert für die Kreativität des Italieners zu.

Opium und Haschisch sind im ersten Jahrzehnt des 20. Jahrhunderts auf dem Montmartre recht einfach beim sogenannten Baron Pigeard zu beschaffen, der mit dem Dichter Max Jacob befreundet ist. Auch der kunstsinnige Arzt Dr. Paul Alexandre, den Modigliani im Herbst 1907 kennenlernt, ist nicht nur der erste Förderer seiner Kunst, sondern vertritt die These, dass Haschischkonsum in Maßen der Kreativität zuträglich sei. Opium- und Haschischkonsum sind in den Jahren vor dem Ersten Weltkrieg im Pariser Künstlermilieu ein Modephänomen, das auf eine lange Tradition zurückblickt. Schon Charles Baudelaire hat in seinem 1860 veröffentlichten Text *Die künstlichen Paradiese*

Charles Baudelaire, 1862,
Foto: Felix Nadar

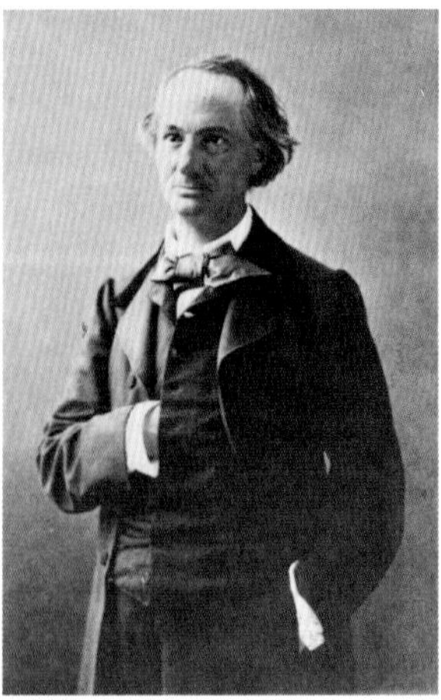

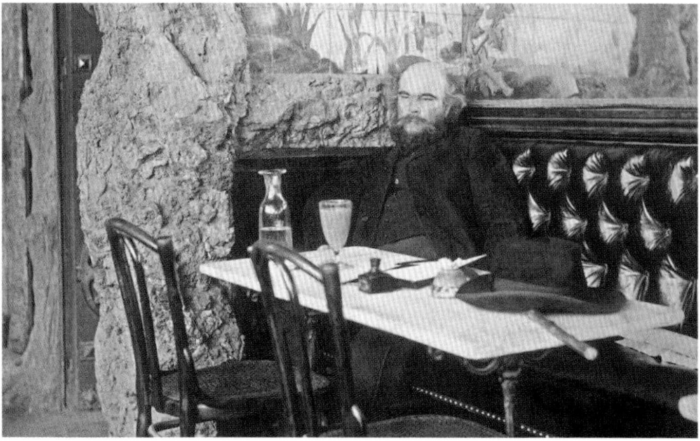

Der Lyriker Paul Verlaine im Café. Absinth war eine der bevorzugten Drogen der Pariser Boheme.

den Drogenkonsum in lobenden Worten beschrieben: „Während seiner ganzen Dauer wird der Rausch nichts anderes sein als ein freilich unermesslicher Traum; unermesslich dank der Intensität der Farben und der Schnelligkeit der Eindrücke."

Der Konsum von Rauschgiften fällt bei Modigliani mit zunehmendem Alkoholismus zusammen. Dieser scheint nachhaltigen Einfluss auf das Persönlichkeitsbild des Künstlers und sein Schaffen gehabt zu haben. Der schüchterne, wohlerzogene und zurückhaltende Mensch wird mehr und mehr zu einem leicht reizbaren Zyniker. Der deutsche Expressionist Ludwig Meidner führt als Zeitzeuge über Modiglianis frühe Pariser Jahre aus: „Damals war er noch nicht der Trinker, der er erst später wurde, auch nicht der düstere, zynische und sarkastische Mensch, den sein Biograf Pfannstiel beschreibt, sondern lebendig und enthusiastisch, immer sprühend, voller Phantasie, Geist und paradoxer Laune." Dieses Bild wandelt sich jedoch. Der Kunstkritiker und Händler Adolphe Basler erinnert sich, dass es nach 1914 immer schwerer wird, den Italiener in nüchternem Zustand anzutreffen.

Das bildhauerische Werk – mehr als ein Zwischenspiel

Modigliani siedelt 1909 vom Montmartre ins Montparnasse-Viertel über und wird damit zu einem „Montparnos“, wie die dort ansässigen Künstler im zeitgenössischen Sprachgebrauch auch genannt werden. In den ersten Jahrzehnten des 20. Jahrhunderts sind 30 bis 40 Prozent der in Montparnasse lebenden und arbeitenden Künstler Ausländer. Marcel Duchamp nennt dieses Pariser Stadtviertel, in dem auch Modigliani immer wieder verschiedene Ateliers nutzen wird, die „erste wahrhaft internationale Künstlerkolonie“. Der Italiener bezieht ein Atelier in der No. 14 Cité Falguière. Hierbei handelt es sich um ein Ensemble von Atelierwohnungen, das in den 1860er-Jahren von einem Pariser Bildhauer für bedürftige Künstler konzipiert worden war. Unweit der Cité Falguière liegt das Künstlerhaus La Ruche, wörtlich der „Bienenkorb“, das seinen Spitznamen von der wabenartigen Architektur dieses Rundbaus herleitet. Künstler wie Marc Chagall, Fernand Léger, Chaim Soutine und Ossip Zadkine wohnen und arbeiten hier. Diese Vielzahl und Dichte der Künstlerateliers geht einher mit der Entwicklung einer sehr vitalen Szene von Cafés und Restaurants rund um den Boulevard Montparnasse, wo sich die Pariser Künstlerboheme vor und während des Ersten Weltkriegs trifft. Modigliani ist häufig im La Rotonde zu Gast, das ab 1910 von einem ausgesprochen kunstsinnigen Besitzer betrieben wird. Zur Zeit Modiglianis kann man hier

> **Die Bildhauerkunst war sein einziges Ideal; in sie legte er all sein Hoffen.**
> Adolphe Basler, Kunstkritiker

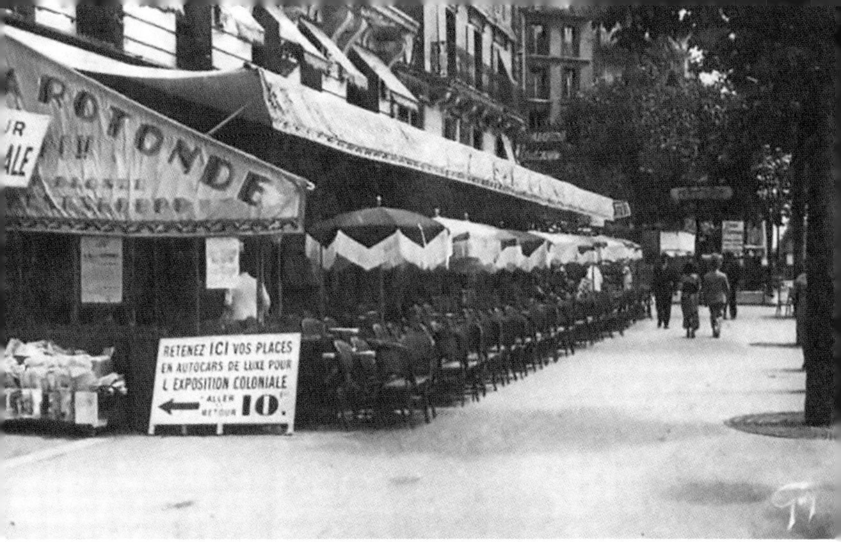

Das Café La Rotonde

für 20 Centimes einen Café crème konsumieren und stundenlang auf der Terrasse verweilen. Neben Modigliani verkehren dort regelmäßig Pablo Picasso, Diego Rivera sowie Max Jacob. In einem Artikel aus dem Jahr 1923 schreibt der berühmte Pariser Kunstkritiker Louis Vauxcelles nicht ohne ironischen Unterton, in La Rotonde würden alle Sprachen und Idiome der Erde gesprochen, bisweilen sogar Französisch. Auf der gegenüberliegenden Straßenseite des Boulevard Montparnasse befindet sich quasi vis-à-vis zur Rotonde das Le Dôme, das bereits 1898 öffnet. Es ist die Anlaufstelle vorzugsweise deutscher Künstler und Kunsthändler, die auch als „Dômiers" bezeichnet werden. Beide Künstlercafés würdigt Ernest Hemingway in seiner Paris gewidmeten Sammlung von Erzählungen unter dem Titel *Paris. Ein Fest fürs Leben.*

Modiglianis Adresswechsel in Paris geht mit einer künstlerischen Umorientierung einher, denn ab 1909 wendet er sich vornehmlich dem bildhauerischen Schaffen zu. Dieser Umstand dürfte durch die Tatsache befördert worden sein, dass er im Herbst 1908 durch Vermittlung seines Gönners Dr. Paul Alexandre die Bekanntschaft des rumänischen Bildhauers Constantin Brancusi macht, in dessen Nachbarschaft Modigliani in der Cité Falguière fortan lebt und schafft. Brancusi war bereits 1904 nach Paris gekommen. Wie er dem Zeitzeugen Jianou anvertraut, sucht er in seinen Skulpturen „die Essenz der Dinge" darzustellen. Der rumänische Bildhauer schafft geläuterte, entschlackte Elementarformen, in denen das Naturvorbild im Kern zwar noch durchschimmert, in seiner Struktur aber stark reduziert und abstrahiert ist. Modigliani teilt Brancusis grundlegende Auffassungen über die Skulptur, die er wie jener unter dem übermäßigen Einfluss von Rodin im Niedergang begriffen sieht. So äußert er gegenüber dem mit ihm befreundeten Bildhauer Jacques Lipchitz Kritik am allseits herrschenden „Rodinisme". Die zeitgenössische Skulptur werde durch „zu viel Ton" bestimmt, wobei er hiermit auf das plastische Verfahren des Modellierens in Ton anspielt. Wie auch Brancusi erachtet Modigliani die „taille directe", also das direkte Behauen des Steins mit dem Meißel, und nicht das Modellieren als reine, unverfälschte Technik des Bildhauers. Der deutsche Schriftsteller Curt Stroemer stattet Modigliani 1909 einen Besuch in seinem Atelier in der Cité Falguière ab und resümiert seine dort empfangenen Eindrücke wie folgt: „Er hieb seine Plastiken direkt aus dem Stein ohne jede Vorarbeit in Ton oder Gips. Ja, er fühlte sich zum Bildhauer geboren und immer wieder, wenn dieses Sendungsbewusstsein über ihn kam, warf er den Pinsel beiseite und griff an seiner Stelle zu Hammer und Meißel."

Obgleich der acht Jahre ältere Brancusi Modigliani mit seinem Schaffen inspiriert haben dürfte, übernahm er sicherlich nicht die Rolle eines dozierenden Mentors in Sachen Skulptur für ihn. Der Zeitzeuge André Salmon berichtet wie folgt über die Kontakte, die Modigliani zum Rumänen unterhielt: „Modigliani ging in Brancusis Atelier in der Rue de Vaugirard ein und aus, die Hände in den Taschen seiner Manchesterhose und den stets einsatzbereiten Skizzenblock mit seinem himmelblauen Umhang unter den Arm geklemmt ... Brancusi gab weder Ratschläge noch Unterricht. Aber Modigliani sah und lernte ..."

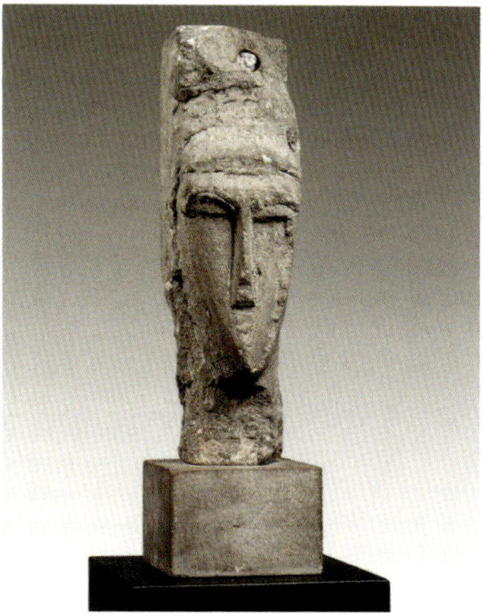

Kopf, um 1910/11, Sandstein, 41,8 × 12,5 × 17 cm

EINFLUSS AFRIKANISCHER SKULPTUR

Unverkennbar assimiliert der Italiener in seinen Skulpturen den stilistischen Einfluss außereuropäischer und archaischer Kunst. Der Bildhauer Lipchitz führt aus, dass Modi ein großer Bewunderer afrikanischer Plastik und ozeanischer Kunst war. Hiermit ist er durchaus ein Kind seiner Zeit, denn insbesondere die afrikanische Skulptur ist seit 1904/05 geschmacklich im Epizentrum des Interesses der Pariser Künstleravantgarde, die intensiv den inspiratorischen Nektar aus dieser Kunst zu saugen versucht. Zunächst haben in Kreisen der Fauvisten Vlaminck und Derain damit begonnen, sich für afrikanische Skulpturen zu interessieren. Es ist ein Modephänomen, das die gesamte Pariser Szene erfasst von Matisse bis Picasso, der am schnells-

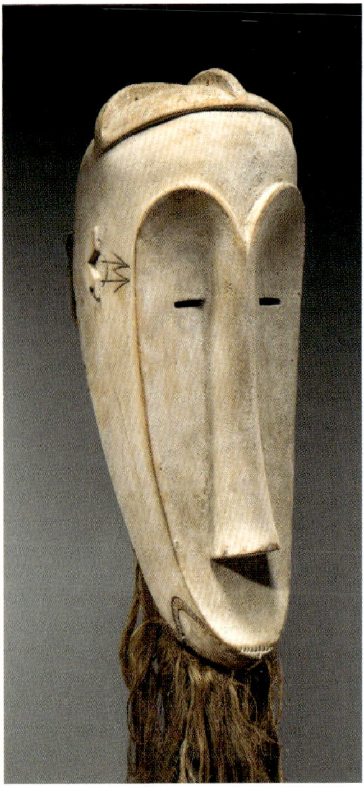

Fang-Ngil-Maske, Gabun, Holz, Höhe 59 cm

ten und virtuosesten erkennt, welchen Gewinn er in seiner Kunst hiervon ziehen kann. Modigliani frequentiert aber auch eine Vielzahl von Galeristen, Sammlern und Künstlern, bei denen er Werke der afrikanischen Kunst bewundern kann.

Die Skulpturen Modiglianis kennzeichnet ein bannend hieratischer Wesenszug. Sie entziehen sich wie Gottheiten einer Annäherung durch den Betrachter, wobei dieser Umstand nicht zuletzt durch ihren hohen Abstraktions- und Stilisierungsgrad getragen wird. Diese Wesenszüge verdanken seine Werke der Beschäftigung mit afrikanischen Ritualmasken. Auffällig ist insbesondere die gelängte Ovalform seiner skulptierten Köpfe sowie die mandelförmige Stilisierung der Augenpartien, die von Werken der afrikanischen Kunst angeregt zu sein scheinen. Auch die kantig-gratige Bildung der überlängten Nase hat Kunsthistoriker dazu bewogen, die Quellen für Modiglianis Stil in der Kunst der Baulé von der Elfenbeinküste zu suchen. Der hohe Stilisierungs- und Typisierungsgrad der Fang-Masken aus dem Kongo, die viele formale Analogien zu den Werken des Italieners aufweisen, scheint vorbildhaft für sein skulpturales Schaffen gewesen zu sein. Der Bildhauerkollege Jacob Epstein stellt aber fest, dass der Italiener von der afrikanischen Plastik „beeinflusst, aber nicht beherrscht" ist.

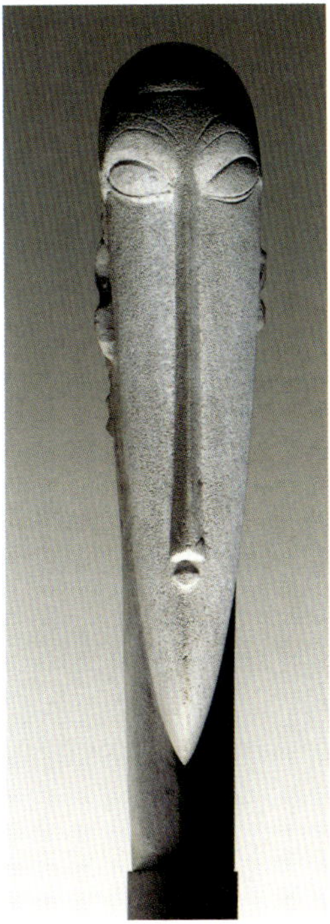

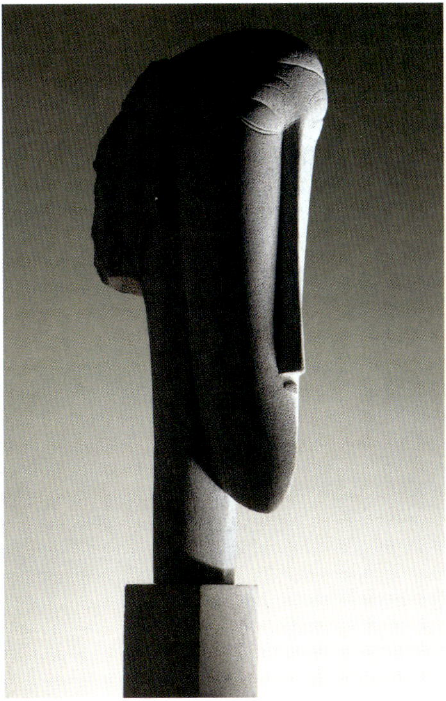

Kopf, 1911/12, Sandstein, 63,5 × 14 × 35,2 cm

Ein um 1911/12 entstandener Kopf in der Londoner Tate belegt die von Epstein betonte formale Eigenständigkeit der Skulpturen Modiglianis mit Blick auf die indigene afrikanische Kunst. Der Kopf besticht durch eine forcierte Längung, die dem Gesicht die Anmutung eines archaischen Schildes gibt. Die kurze, bombierte Stirn geht in eine überlängte, zum schmalen Grat stilisierte Nase über. Die mandelförmigen Augen und Brauen sind durch zarte Ritzungen fast nur grafisch angedeutet. Modigliani bildet den Kopf hier meisterlich in chiffrenhafter Verkürzung der physiognomischen Einzelformen durch. Die skizzierten Stilcharakteristika verleihen dem Werk eine durchgeistigte, fast dem Sinnenhaften entrückte Körperlichkeit.

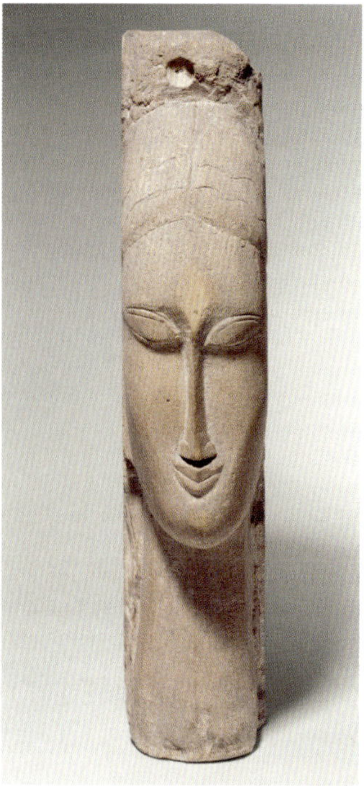

Frauenkopf, 1912,
Entroques-Kalkstein,
58 × 12 × 16 cm

Modigliani synthetisiert in seinen Skulpturen neben der indigenen afrikanischen Kunst auch vielfältige andere Einflüsse und Quellen. So sind die griechischen Kykladen-Skulpturen, aber auch die altägyptische Kunst in ihrer äußerst rigiden Stilisierung menschlicher Formen für ihn anregend. Die russische Dichterin Anna Akhmatova, die ab 1911 Nachbarin von Modi in der Cité Falguière ist, erinnert sich diesbezüglich: „Im Jahr 1911 war Modigliani völlig in Ägypten verliebt. Er nahm mich mit in die ägyptische Abteilung des Louvre und gab mir zu verstehen, dass „le reste" unwürdig war zu betrachten. Er zeichnete meinen Kopf im Stil der Haartracht einer ägyptischen Prinzessin und in Gestalt einer Tänzerin."

Ein Frauenkopf im Pariser Centre Pompidou macht deutlich, wie Modigliani verschiedene, durchaus disparate Inspirationsquellen für sein skulpturales Schaffen assimiliert. Der Kopf ist wie so viele seiner Werke als Hochrelief gearbeitet. Diesen Wesenszug haben seine Skulpturen mit überschlanken gotischen Gewändefiguren gemeinsam, die in ihrer Formgebung durch den architektonischen Zusammenhang bestimmt sind. So artikulieren sich die Volumina bei Modigliani plastisch vor der flachen Rückfläche. Ein Zackenband zarter Kerbungen bestimmt die stilisierte Struktur der mittig gescheitelten Haare.

Die v-förmige Bildung des Mundes antwortet formal auf die überlängte Nase. Die mandelförmigen Augen werden nur durch die geschlossenen Lider geformt. So entsteht der Eindruck meditativer Innerlichkeit, die das Werk buddhistischen Statuen oder Khmer-Skulpturen verwandt macht.

KARYATIDEN-ZEICHNUNGEN UND PROJEKT FÜR EINEN TEMPEL

In Zusammenhang mit Modiglianis bildhauerischem Schaffen steht eine Vielzahl von Zeichnungen, die **Karyatiden*** darstellen, weibliche Trägerfiguren, die das Gebälk oder den Giebel eines Gebäudes auf Schultern und Händen stützen. Der antike Autor Vitruv verweist auf die Stadt Karyai in Lakonien als Ursprung dieses plastischen Bauschmucks. Die Frauen aus jener Stadt seien versklavt und dazu gezwungen worden, Lasten zu tragen. Die Karyatiden-Thematik lebt in der Bauplastik der Renaissance und im Barock wieder auf. Modiglianis klassische Orientierung wird einmal mehr in seiner intensiven Beschäftigung mit den Karyatiden-Gestalten sinnfällig. Wohl nur zwei Karyatiden-Skulpturen hat der Italiener selbst ausgeführt, während eine große Zahl von Zeichnungen und Ölskizzen von seiner Hand existiert, die diesem Sujet gewidmet sind. Vieles spricht dafür, dass Modigliani eine Art Tempel mit allegorischen Figuren plant, der jedoch niemals zur Ausführung kommt. 1912 besucht ihn Jacques Lipchitz, dem gegenüber er das Projekt eines „Tempels der Begierde“ („Temple de la volupté“) erwähnt, den „Säulen der Zärtlichkeit“ tragen sollen.

Eine Zeichnung in der Sammlung Angela Rosengart in Luzern stellt eine solche Karyatide dar, wobei über ihren hinter den

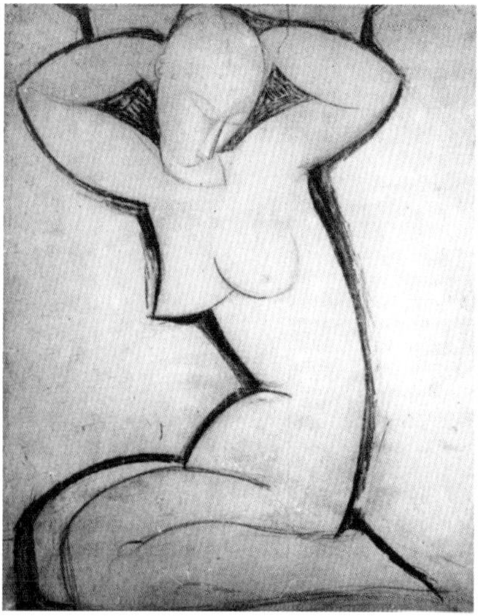

Karyatide, 1913/14,
Tusche auf Papier,
55,8 × 45,2 cm

Kopf geführten Armen die Trägerplatte des Gebälks sichtbar ist. Scheinbar unter der Last gebeugt neigt die Figur ihr Haupt nach rechts. Die ganze Gestalt ist durch gegenläufige, sich dialogisch antwortende Bewegungsimpulse gebildet. Ihre gesammelte, spannungsvolle Kraft in der knienden Haltung wird durch den linearen Schematismus der Konturlinien unterstützt. Diese hat Modigliani an verschiedenen Körperstellen durch zahlreiche Parallelschraffuren markant akzentuiert.

Seine Karyatiden-Figuren hat der Italiener wie erwähnt nur punktuell umsetzen können. So muten die dieser Thematik gewidmeten Zeichnungen wie Präludien an, die jedoch auch jenseits ihres Studiencharakters einen künstlerischen Eigenwert besitzen. Eine Gemäldestudie im Düsseldorfer K20 bezeugt, wie vielgestaltig und variantenreich Modigliani die Karyatiden-Thematik durchdekliniert. Die hockende Haltung und die unterschiedlich ausgreifenden Arme unterstreichen hier motivisch die spannungsgeladene Attitüde der weiblichen Trägerfigur. Der fragile, zarte Oberkörper der Gestalt und ihre schmalen Schultern kontrastieren zu ihren kraftvoll gespannten Schenkeln. Die erdig braune Farbigkeit des Bildes legt die Assoziation mit einer in Holz geschnitzten Figur nahe. Auch sind die durch schwarze Linienverläufe voneinander abgegrenzten Körpervolumina einer Holzskulptur wesensverwandt.

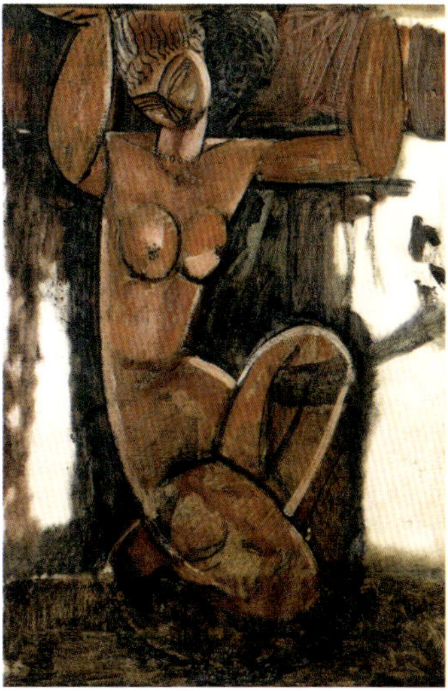

Karyatide, 1911/12, Öl auf Leinwand, 72,5 × 50 cm

RÜCKKEHR ZUR MALEREI

Über die Gründe, warum sich Modigliani im Jahr 1914 von der Bildhauerei abwendet, kann nur spekuliert werden. Vieles spricht dafür, dass die durch Vorerkrankungen angegriffenen Atemwege Modigliani die weitere Arbeit am Stein mit der damit verbundenen extremen Staubbildung nicht mehr ermöglichten. Auch die Materialkosten für die zu bearbeitenden Steine dürften für den quasi mittellosen Künstler ins Gewicht gefallen sein. Die erneute Hinwendung zur Malerei zu Beginn des Ersten Weltkriegs dürfte nicht zuletzt auch eine strategische Entscheidung gewesen sein, die durch seinen ersten Kunsthändler Paul Guillaume befördert wurde. So sind Werke der Malerei leichter zu lagern und haben eine breitere potenzielle Käuferschaft als Skulpturen.

Häufig wird Modigliani in die Kategorie eines „Maler-Bildhauers“ eingeordnet. Schon der Zeitzeuge und Wegbegleiter Ludwig Meidner stellt über Modiglianis „plastische Periode“ fest: „Beeinflusst von der Negerkunst, machte er sich an eine Art kubistischer Porträtskulptur, die mir indessen innerhalb seines Lebenswerks nicht sehr bedeutend zu sein scheint.“ Konform zu dieser Betrachtungsweise werden gemeinhin die wenigen erhaltenen Skulpturen Modiglianis als temporärer schöpferischer Nebenschauplatz eines Malers betrachtet, der einen Ausflug in die Bildhauerei machte. Der rein zahlenmäßige Proporz unterstützt diese These, denn den kaum mehr als 25 ihm zugeschriebenen Skulpturen stehen selbst bei vorsichtiger Zählung und Zuschreibung weit über 300 Gemälde gegenüber.

Doch bereits 1902 begibt sich Modigliani als Student in die Steinbrüche von Carrara. Seine offensichtlich auch im Familienkreis bekannte Neigung wird durch einen Brief aus dem Jahr 1906 bestätigt. So schreibt ihm seine Mutter einen Brief nach Paris und adressiert diesen an „Amedeo Modigliani, Bildhauer." Sein Studienfreund und langjähriger Weggenosse Ortiz de Zárate bemerkt: „Er malte nur ‚faute de mieux'. Sein eigentlicher Ehrgeiz war auf die Arbeit in Stein gerichtet und davon kam er nie los, sein ganzes Leben lang ..."

Unverkennbar befruchtet das bildhauerische Schaffen sein weiteres malerisches Œuvre. In dieser Perspektive wirkt es katalytisch, denn die maskenhafte, kantig-gratige Durchbildung der Gesichter wird ab 1914 ein stilistisches Charakteristikum seiner Malerei. Die ab Beginn des Ersten Weltkriegs entstandenen Gemälde läuten eine neue Schaffensphase der Reife und Fülle im Werk von Modigliani ein, das durch die zwischenzeitliche Hinwendung zur Bildhauerei entscheidende Impulse erhalten hat. Wenn sein malerisches Werk vor 1909 noch Aspekte einer bisweilen tastenden Suche aufweist, so klärt sich nun Modiglianis Formensprache in Richtung einer souveränen Beherrschung seiner Stilmittel.

Der Kunsthändler und Kritiker Adolphe Basler, der mit Modigliani befreundet war, schreibt sehr klarsichtig über das Ende der bildhauerischen Schaffensphase seines Freundes: „Als der

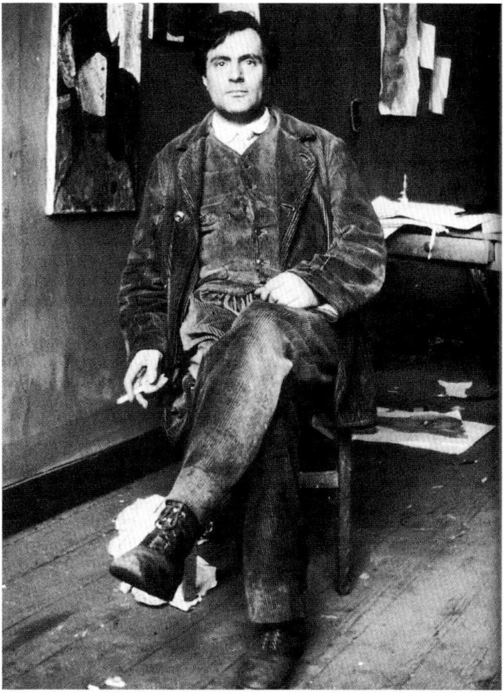

Modigliani in seinem Pariser Atelier im Bateau-Lavoir, um 1915/16

Weltkrieg ausbrach, scheint Modigliani seinen Meißel beiseitegelegt zu haben, doch zeugen die wenigen Skulpturen, die uns erhalten geblieben sind, zur Genüge von dem gewaltigen Impetus, der ihn damals ergriff. Der Künstler tendierte mehr und mehr zu vereinfachten schematischen Formen, ohne aber dabei bis zur völligen Abstraktion zu gehen."

Die Beschäftigung mit der Skulptur führt im Œuvre Modiglianis zu einer Läuterung seines Malstils und fortan haben seine Bilder mit ihren ausgeprägt stereometrischen Stilelementen dezidiert bildhauerische Qualitäten. Etwas mehr als fünf Jahre werden dem Künstler bleiben, diese nun durch die Bildhauerei bereicherte Klaviatur seiner Ausdrucksmittel zu vervollkommnen.

Die Künstlerboheme

Amedeo Modigliani steht bereits bei Zeitgenossen im Ruf, ein mustergültiger Bohemien zu sein. Der mit ihm befreundete deutsche Expressionist Ludwig Meidner nennt ihn den letzten großen Bohemien. Konform zu dieser Vorstellung lautet der Titel der 1990 von June Rose vorgelegten Modigliani-Biografie *The Pure Bohemian.*

Die Boheme beginnt um die Mitte des 19. Jahrhunderts an Konturschärfe zu gewinnen. Der 1851 veröffentlichte Roman von Henri Murger unter dem Titel *Scènes de la vie de Bohème* beschreibt literarisch erstmals die Parallelwelt junger gesellschaftlicher Außenseiter in Paris. Das Werk macht die Boheme in bürgerlichen Kreisen populär, wozu Puccinis Oper *La Bohème* maßgeblich beiträgt.

Nonkonformismus, Individualismus und Spontaneität sind die Grundpfeiler der Künstlerboheme, die eine Verbindung aus ästhetischer Lebenshaltung und Lebensstil darstellt. Der Bohemien lebt in der paradoxen Grundsituation, als Künstler Geltung zu beanspruchen, jedoch das bürgerliche Publikum zu verachten. Der Bourgeois ist die Gegenfigur zum Bohemien. Er verkörpert alles, was der Boheme verhasst ist. So lautet auch folgerichtig der programmatische Schlachtruf der Künstlerboheme „Epater le bourgeois“ (Den Bürger in Erstaunen versetzen). Erwerbsstreben und materieller Besitz werden vom Bohemien ebenso verachtet wie enge bürgerliche Moralvorstellungen. Der französische Schriftsteller André Gide spricht im Hinblick auf die Boheme von einer „grandiosen Verachtung der Korrektheit“. Drogenexzesse und sexuelle Libertinage sind ebenso Kennzeichen der Künstlerboheme wie individualistische und extravagante Lebensgewohnheiten und Kleidung.

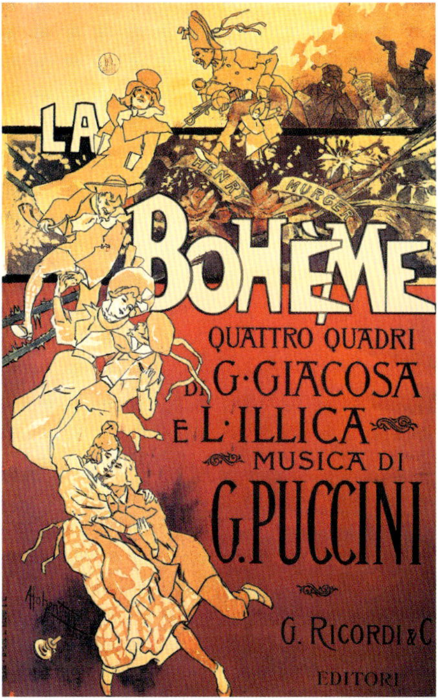

Adolfo Hohenstein,
Plakat zur Uraufführung
der Oper *La Bohème*, 1896

In den europäischen Metropolen trifft sich die Boheme in informellen Gruppen Gleichgesinnter. Das Caféhaus ist der Ort ihrer Zusammenkünfte. So besitzt es bereits im letzten Viertel des 19. Jahrhunderts künstlerischen Bekenntnischarakter, welches Café oder Restaurant man in Paris frequentiert. Während zu Beginn des 20. Jahrhunderts der Montmartre das bevorzugte Stadtviertel der Pariser Künstlerboheme ist, verlagert sich dieser Schwerpunkt ab etwa 1910 in Richtung auf das Montparnasse-Viertel mit seinen zahlreichen Atelierhäusern.

In seiner Vita vereint Modigliani mustergültig die meisten Aspekte der Boheme-Existenz. Der Außenseiter-Status dieser unbürgerlichen Lebensform macht ihn gerade für ein Massenpublikum zum Inbegriff modernen Künstlertums.

Die künstlerische Umorientierung fällt zusammen mit dem Beginn einer stürmischen Liebesaffäre mit der extravaganten Engländerin Beatrice Hastings. Schon zuvor hat er sich durch zahlreiche Affären und Amouren einen Namen als „homme à femmes“ gemacht. Seine neue Eroberung heißt mit bürgerlichem Namen eigentlich Emily Alice Haigh und legt sich vor dem Hintergrund ihrer journalistischen Tätigkeit das Pseudonym Beatrice Hastings zu. Die in Port Elizabeth in Südafrika Geborene ist fünf Jahre älter als Modigliani. Durch ihre bewegte Vita und die Berichte von Zeitzeugen erscheint sie als sprunghaft und exaltiert. 1907 hat sie in London den Herausgeber A. R. Orage kennengelernt und wird seine Geliebte. Als Anfang 1914 die Liebesbeziehung zu Orage zerbricht, schickt dieser sie für seine Avantgarde-Zeitschrift *The New Age* nach Paris. Sie kommt im Mai 1914 dort an, um als Korrespondentin für dieses Blatt zu arbeiten. Der Dichter Max Jacob führt euphorisch über Beatrice Hastings aus: „Ich habe die Bekanntschaft einer authentischen, großen englischen Dichterin gemacht. Mme Hastings, Trunkenbold, Pianistin, Frau der Mode, Bohemienne ...“ So facettenreich und ausgefallen, wie Max Jacob sie schildert, ist in der Tat ihr Lebensstil und auch ihr journalistischer Duktus. Für das wöchentlich erscheinende Blatt *The New Age* schreibt sie Beiträge zu Politik, Literatur und bildender Kunst. Ihre

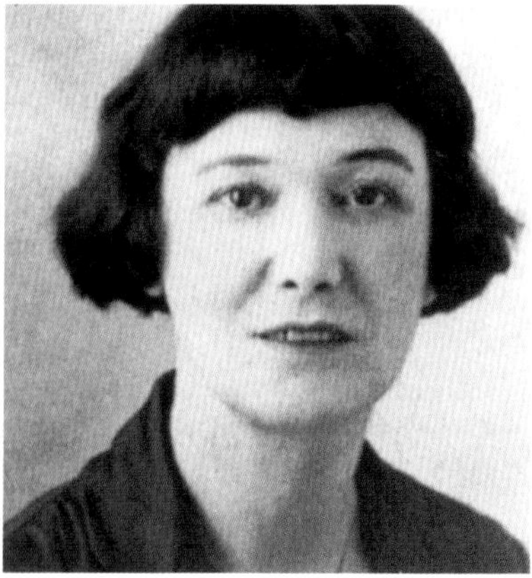

Beatrice Hastings, um 1918

Ein komplexer Charakter. Ein Schwein und eine Perle.

Beatrice Hastings

Bekanntschaft mit dem ebenso extravaganten Künstler Amedeo Modigliani hat sie im Telegrammstil wie folgt festgehalten: „Traf ihn in einer ‚Cremerie'. Ich saß ihm gegenüber. Haschisch und Brandy. Ganz und gar nicht beeindruckt. Wusste nicht, wer er war. Er sah schmutzig, wild, gierig aus. Traf ihn im Café La Rotonde wieder. Er war rasiert und charmant. Hob seinen Hut mit einer schönen Geste, schaute verlegen drein und fragte mich, ob ich mitkommen wollte, seine Werke zu sehen. Ich folgte ihm. Hatte immer ein Buch in seiner Tasche, Lautréamonts ‚Maldoror'. Verachtete alle bis auf Picasso und Max Jacob. Verabscheute Cocteau." Aus dieser ersten Begegnung entsteht ein stürmisches Liebesverhältnis, das immer wieder durch in der Öffentlichkeit ausgetragene, lautstarke Auseinandersetzungen geprägt ist.

Modigliani schafft eine Vielzahl zeichnerischer Porträts von Beatrice Hastings und etwas mehr als ein Dutzend Gemälde. So wechselvoll und impulsiv offenbar ihre Beziehung ist, so heterogen sind auch die der Engländerin gewidmeten Werke.

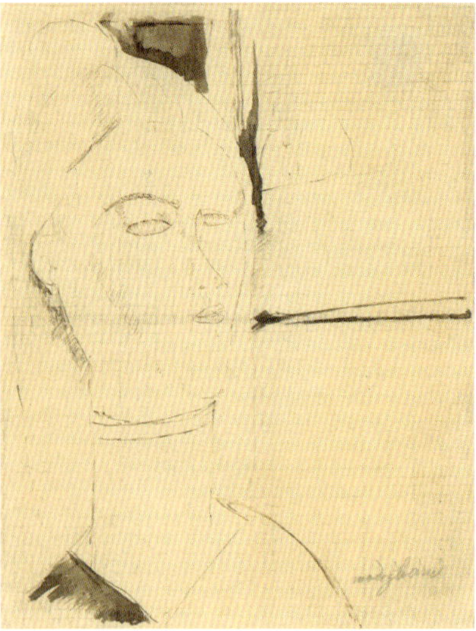

Frauenkopf (Mme Hastings), 1915, Feder, Tusche, Pinsel, laviert, auf kariertem Papier, 27,2 × 21 cm

Aus dem Jahr 1915 datiert ein Bild, auf dem er sie mit einem extravaganten Hut darstellt. Ein Fensterrahmen oder Türsturz teilt die Bildfläche mittig. Leicht aus der Mittelachse nach links verschoben hat Modigliani die Gestalt seiner damaligen Geliebten disponiert. Er charakterisiert sie durch ein maskenhaftes Gesicht mit leicht asymmetrischer Bildung der Augen, die lediglich als dunkle Mandelformen ausgearbeitet sind. „Madam Pompadour" und die Jahreszahl 1915 hat Modigliani auf der hellen Fläche links neben der Frauenfigur vermerkt. Auffällig ist im vorliegenden Fall die englische Schreibweise von „Madam", mit der Modigliani offenbar auf den Umstand anspielt, dass das Englische die Muttersprache von Beatrice Hastings ist. Es scheint jedoch wenig rühmlich für die Dargestellte, solchermaßen mit der offiziellen Maitresse König Ludwigs XV. assoziiert zu werden, beschreibt ihre Vita doch einen beispiellosen sozialen Aufstieg durch den strategischen Einsatz weiblicher Reize. Die historische Referenz erweist sich als ironisch distanzierter Kommentar ihres damaligen Liebhabers.

Das Verfahren einer semantischen Aufladung des Namenszuges beziehungsweise der Beischrift hat Modigliani bereits 1915 im Hinblick auf seine Geliebte angewendet. Zeitzeugen, die weniger wohlmeinend als der zitierte Max Jacob waren,

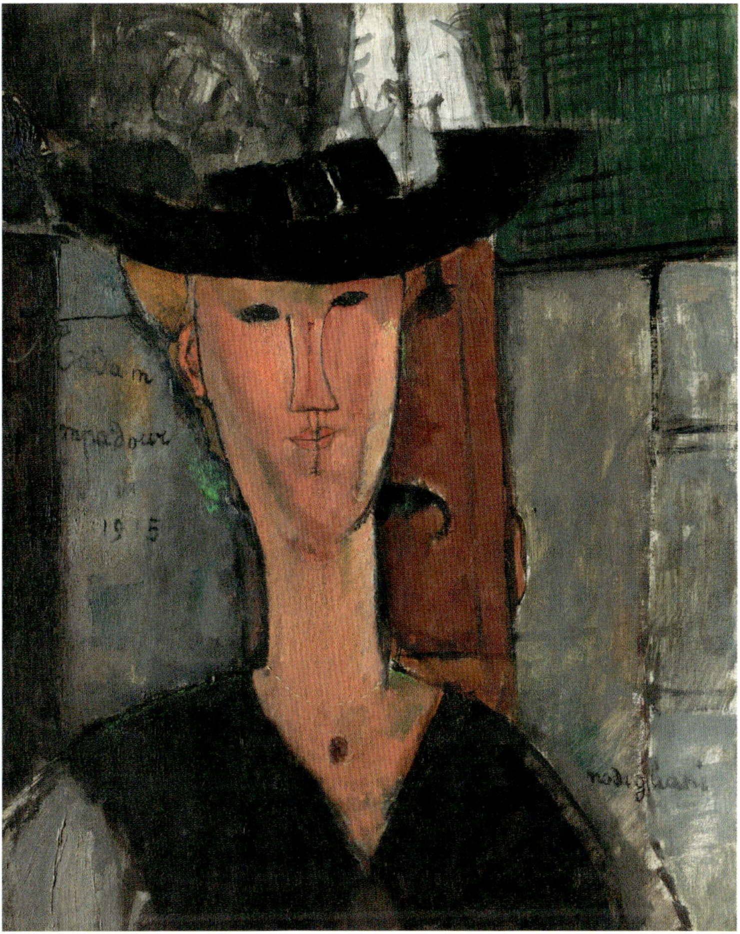

Madam Pompadour, 1915, Öl auf Leinwand, 61,1 × 50,2 cm

haben Beatrice Hastings als divenhaft und überaus kapriziös beschrieben. Einmal mehr bezeugt das Porträt von der Hand ihres zeitweiligen Liebhabers, dass die Luft zwischen beiden recht explosiv ist. Es verwundert nicht, dass das Gemälde aus dem Jahr stammt, in dem die stürmische Liebesaffäre mit

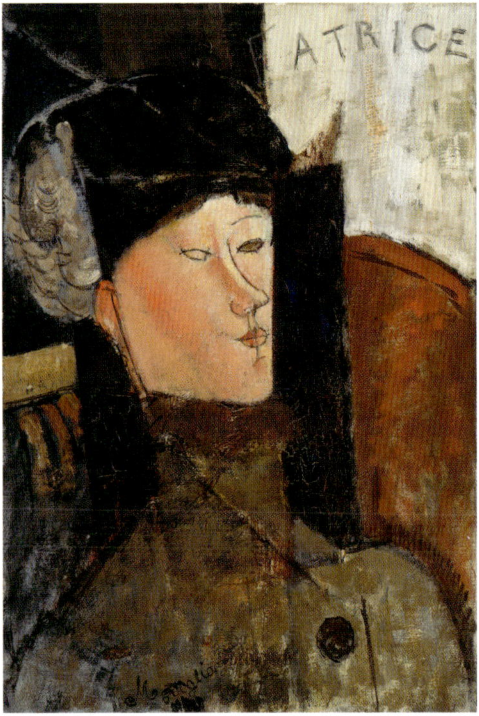

Porträt Beatrice Hastings, um 1916, Öl auf Leinwand, 55,2 × 38,2 cm

Eine exzentrische Muse. Wohl aus dem Jahr 1916 datiert ein Porträt von Beatrice Hastings, das sie einmal mehr als Fashion Victim in hochmodischer Kleidung präsentiert. Die Bildfläche ist mittig in eine helle und eine dunkle Hälfte geteilt. Der Namenszug der Dargestellten wird hierdurch verunklart, denn die Buchstaben „BE" finden sich in der dunkleren Bildhälfte, während die übrigen Buchstaben des Namens in Gestalt von „ATRICE" sich in schwarzer Schrift prägnant vor der hellen Hintergrundfläche abheben. In offensichtlich ironischer Absicht hat Modigliani diese Komposition gewählt, denn der solchermaßen plakativ zu lesende fragmentierte Namenszug spielt auf das italienische Wort „attrice" für Schauspielerin an.

Mit seinem Werk hat er gezeigt, dass man eine großartige Malerei mit ewiger und universeller Bedeutung schaffen kann, wenn man sich auf den Menschen, auf den Ausdruck des Menschen, das menschliche Gefühl konzentriert und den Menschen zum Zentrum der Welt macht. Osvaldo Licini, Maler

Beatrice Hastings zu einem Ende kommt. Im Sommer 1916 findet eine kleine private Ausstellung der Vereinigung Lyre et Palette im Atelier eines Schweizer Künstlers unweit des Cafés La Rotonde statt. Modigliani teilt mit, dass er nichts auszustellen habe, worauf der organisierende Künstler Moise Kisling aus der Galerie Paul Guillaume dieses Porträt zu Ausstellungszwecken herbeiholt. Größten Missmut soll nach Auskunft der Zeitzeugen der Umstand bei Modigliani erzeugt haben, dass seine verflossene Maitresse Beatrice Hastings am Arm ihres neuen Liebhabers, des Mailänder Bildhauers Alfredo Pina zur Vernissage der Präsentation erscheint.

DER KUNSTHÄNDLER PAUL GUILLAUME

Modiglianis künstlerischer Beitrag zur Lyre-et-Palette-Ausstellung wird durch die Leihgabe eines Gemäldes aus der Galerie Paul Guillaume ergänzt. Er ist der erste Kunsthändler, der den Italiener ab 1914 exklusiv vertritt. Den Berichten der Zeitzeugen zufolge hat Modigliani keinerlei Geschäftssinn im Hinblick auf die Vermarktung seiner Kunst. Dies scheint nicht nur ein Mangel an Talent oder natürlicher Begabung gewesen zu sein, sondern entspricht offensichtlich auch dem Selbstverständnis Modiglianis als „verfemter Künstler" und Bohemien.

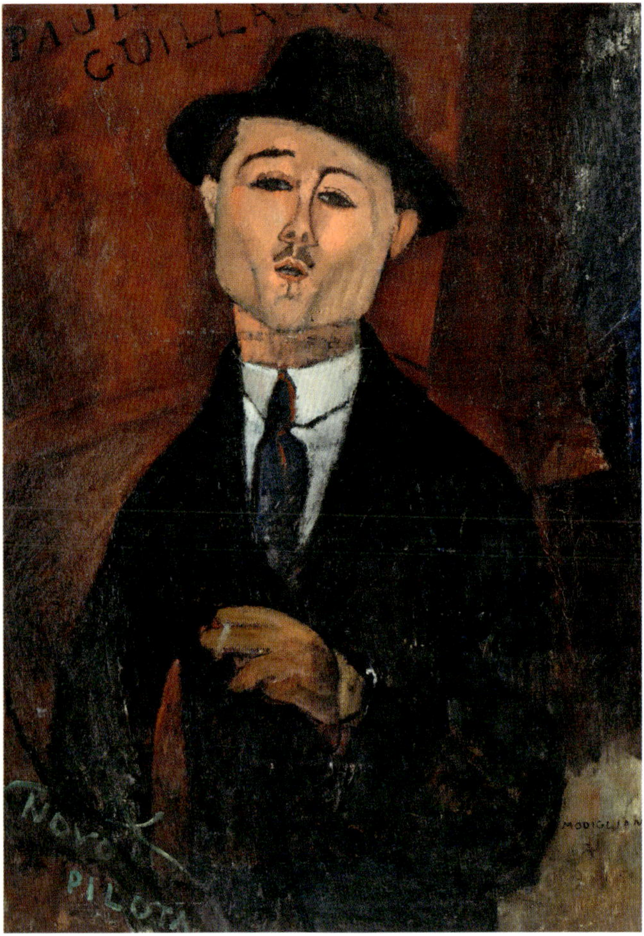

Porträt Paul Guillaume („Novo pilota"), 1916,
Öl auf Karton, montiert auf Sperrholz, 105 × 75 cm

Erwerbsstreben und materiellen Besitz lehnt er kategorisch als dezidiert bourgeoise Tugenden ab. So ist es ein ausgesprochener Glücksfall, dass der junge und aufstrebende Kunsthändler Paul Guillaume ihn unter seine Fittiche nimmt. Er kommt aus einfachen Verhältnissen und beginnt seine Laufbahn in einem

Geschäft, das mit Rohgummi für Autoreifen handelt. Eines Tages ist einer Gummilieferung als Prämie eine Skulptur aus Gabun beigefügt; die Faszination, die für Guillaume von diesem Objekt ausgeht, wird zur Initialzündung seiner fulminanten kunsthändlerischen Karriere. Er etabliert ein Netzwerk zu Händlern afrikanischer Kunst und investiert all seine Ersparnisse in den Aufbau des Kunsthandels mit diesen Werken. Mit Anfang zwanzig eröffnet Guillaume seine erste Galerie in der Rue de Miromesnil, unweit vom Elysée-Palast, wie er nicht müde wird zu betonen. Der Malerdichter Max Jacob dient ihm wunschgemäß als Mittler, um Kontakt zu Modigliani herzustellen. Nach Guillaumes eigener Darstellung ist er selbst es gewesen, der dem italienischen Künstler empfiehlt, sich nach dem bildhauerischen Zwischenspiel wieder der Malerei zu widmen. In einem 1927 in *Les Arts à Paris* veröffentlichten Artikel erinnert sich Guillaume wie folgt: „Modigliani war ein Bildhauer, der zeichnete. Vielleicht war es richtig oder falsch, dass ich die Verantwortung dafür trage, ihn zum Malen zu drängen."

Die Porträts von Modigliani, sogar seine Selbstbildnisse, sind nicht Spiegel seiner äußeren, sondern seiner inneren Linie, seiner noblen Anmut.

Jean Cocteau, Schriftsteller und bildender Künstler

Der schnelle Aufstieg des kleinen Angestellten zu einem führenden Galeristen der Pariser Avantgarde erscheint bedeutsam für die Porträts, die Modigliani ihm widmet. Er betont in ihnen die feine, distinguierte Kleidung à la mode. In lässiger Attitüde die Zigarette mit aufgestütztem Arm haltend zeigt der Galerist eine kunstvoll stilisierte Nonchalance, die Modigliani meisterlich charakterisiert. Unten links hat der Maler in hellem Grünton mit dem Pinsel die Aufschrift „Novo pilota" hinzugefügt, während über dem Haupt des Dargestellten sein Name in schwarzen Versalien vermerkt ist, die teilweise durch den Gemälderand beschnitten sind. In der dem Kunsthändler zugedachten Titulatur „Neuer Pilot" schwingt zarte Ironie und existenzielle Hoffnung gleichermaßen mit, denn sie suggeriert, dass die vormalige Orientierungs- und Ziellosigkeit nun durch den richtungsweisenden Kunsthändler eine Wandlung erfahren hat. In der rechten oberen Bildecke, gleichsam der Titulatur des „neuen Piloten" unten links diagonal antwortend, findet sich unter der grafisch verkürzten Darstellung eines Sterns die Bezeichnung „stella maris". Dieser Begriff ist Marienhymnen der katholischen Kirche entlehnt (Ave maris stella) und mutet im gegebenen Bildzusammenhang zunächst befremdlich an. Man ist geneigt, hierin eine weitere lobende Hyperbel im Hinblick auf den porträtierten Galeristen zu sehen. Während der „neue Pilot" als Metapher der Vorstellungswelt des technischen Zeitalters entnommen ist, scheint „stella maris" bewusst der klerikalen Tradition verpflichtet. Gerade die Kumulation beider für den neuen Kunsthändler gefundenen Beiworte nährt den Verdacht eines ironisch gebrochenen Untertons.

PORTRÄT VON MAX JACOB

Der Dichter Max Jacob vermittelt den Kontakt zwischen dem Künstler und seinem ersten Kunsthändler. Er kennt Modigliani seit seinen frühen Pariser Jahren auf dem Montmartre, und sein dichtes Pariser Netzwerk an Bekanntschaften und Freundschaften stellt mehr als einmal einen Glücksfall für seinen Künstlerfreund dar. So ist Max Jacob auch ein guter, langjähri-

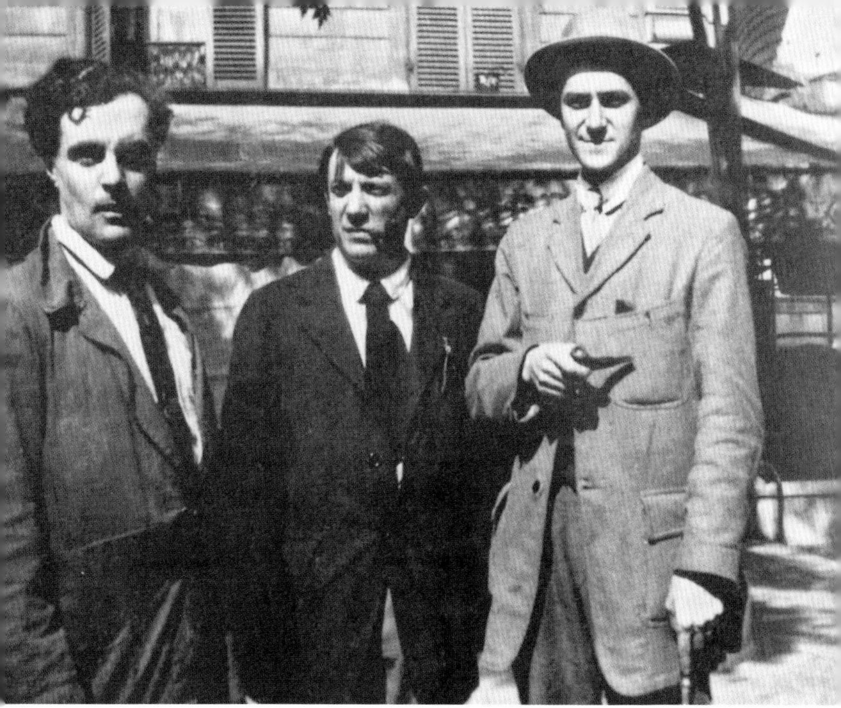

Modigliani, Picasso und Jacob vor dem Künstlercafé La Rotonde, 12. August 1916

ger Freund von Pablo Picasso. Bereits 1901 ist der Dichter anlässlich der ersten Galerieausstellung von Picasso bei Vollard mit dem Künstler in Kontakt getreten, und so fungiert der Dichter auch als freundschaftliche Klammer zwischen Picasso und dem Italiener. Eine Fotoserie, die Jean Cocteau am 12. August 1916 schafft, zeigt die drei in freundschaftlich ausgelassener Stimmung auf dem Boulevard Montparnasse vor dem Künstlercafé La Rotonde. Infolge einer vermeintlich göttlichen Vision konvertiert der geborene Jude Max Jacob zum Katholizismus und lässt sich in Paris auf den Namen Cyprien taufen. Niemand Geringeres als Pablo Picasso fungiert als sein Taufpate. Er schenkt ihm eine persönlich dedizierte Ausgabe der *Imitation de Jésus Christ*. Der Antisemitismus der Nationalsozialisten macht auch vor den zum Christentum konvertierten Juden nicht Halt und so wird Max Jacob am 24. Februar 1944 beim Besuch der Frühmesse von der Gestapo in Paris verhaftet. Er stirbt einen Monat später im Sammellager Drancy.

In mehreren ihm gewidmeten Porträts hat Modigliani seinen Freund Max Jacob verewigt. Ein Gemälde aus dem Jahr 1916 zeigt ihn als distinguierten Herrn mit Weste, Krawatte und schwarzem Zylinder, der das kahle Haupt des Dichters bedeckt. Die beinahe gotisch zu nennende Längung des Gesichts mutet asketisch an. Die Nase ist als schmaler Grat gebildet, und diese kantig-skulpturale Ausformulierung der Gesichtsformen scheint wie ein formales Echo auf Modiglianis bildhauerische Arbeiten der Vorjahre. Dem Gemälde motivisch nächstverwandt ist eine Zeichnung, die es kompositorisch offensichtlich vorbereitet. In der Gesamtanlage und in Einzelmotiven findet sich hier die spätere Gemäldefassung schon ausformuliert. Selbst die Schraffuren, mit denen er die Augen des Dargestellten verschleiert, sind zeichnerisch bereits angelegt. Am rechten Blattrand hat Modigliani handschriftlich unter der Namensnennung „Jacob“ vermerkt: „meinem Bruder / sehr zärtlich / die Nacht des 7. März / zunehmender Mond / Modigliani“ (frz.: „à mon frère / Très tendrement / la nuit du 7 mars / la lune croissante / Modigliani“). Dem Hinweis auf den „zunehmenden Mond“ haftet etwas Mystisch-Kabbalistisches an, vielleicht handelt es sich aber auch um einen freundschaftlichen Geheimcode zwischen dem Maler und seinem Dichterfreund.

Modigliani ist vor allem als Bildnismaler in die Kunstgeschichte der Moderne eingegangen. Dies ist ein Widerspruch in sich, denn die Kunst der Moderne strebt nach Bildautonomie, nach einer radikalen Loslösung vom Naturvorbild, das es ja gerade

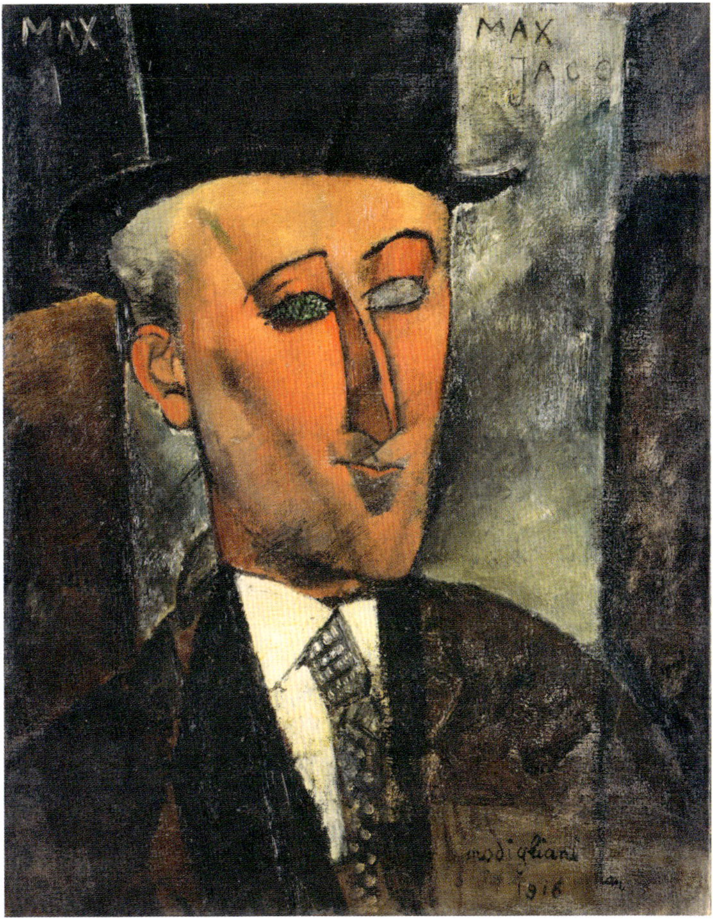

Porträt Max Jacob, 1916, Öl auf Leinwand, 76,7 × 63,8 cm

im Porträt zu charakterisieren gilt. Aufgrund ihres hohen Stilisierungsgrades sind jedoch die Porträts von der Hand Modiglianis keine Bildnisse im klassischen Sinn. So tragen alle von ihm Porträtierten den unverwechselbaren Prägestempel seiner malerischen Handschrift. In ironischer Überspitzung hat man seinen eigentümlichen Stil mit den Begriffen „Schwanenhals

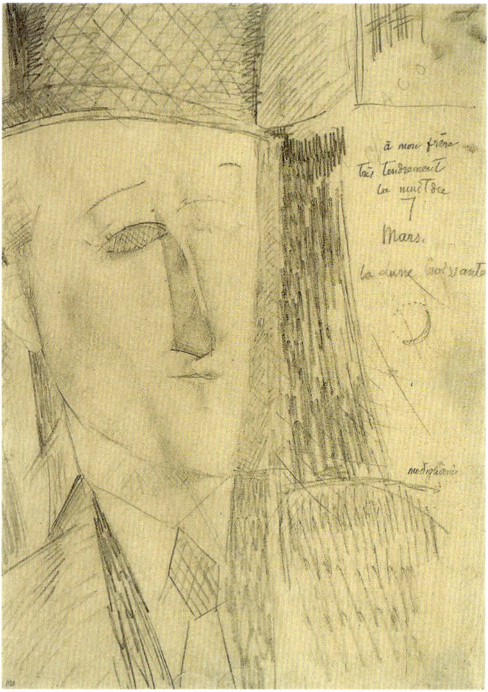

Porträt Max Jacob,
1916, Bleistift auf Papier,
34,5 × 26,5 cm

und Mandelauge" charakterisiert. André Malraux hat einmal über das 1879/80 geschaffene Porträt von Georges Clemenceau von der Hand Edouard Manets geschrieben, in ihm sei beinahe der ganze Manet und beinahe nichts von Clemenceau. So verhält es sich auch mit den Porträts Modiglianis, in denen fast alles den Duktus seiner künstlerischen Persönlichkeit trägt.

Ein auffälliges Charakteristikum seiner Porträts sind die „blicklosen Blicke" der Dargestellten. Bisweilen artikulieren die Augen sich lediglich als homogene, mandelförmige Farbfläche, mitunter hat der Italiener ein Auge sogar mit einer grafischen Gitter- oder Netzstruktur im wahrsten Wortsinn zugemalt. Dies ist beispielsweise beim Bildnis von Max Jacob der Fall. Als zusätzlich irritierendes Element behandelt Modigliani die

Augen der Porträtierten in vielen Fällen unterschiedlich. Die Wahl dieses Motivs hat Modigliani einmal dem Künstlerfreund Leopold Survage mit folgenden Worten zu erklären versucht: „Mit einem Auge blickst Du in die Welt hinaus, mit dem anderen Auge in Dich hinein.“ So scheinen denn diese ungleichen Augenpaare in der Bildlogik des Italieners die Dialektik von Außenwelt und Innenwelt zu reflektieren.

Die pupillenlose Blindheit von Modiglianis Gestalten stellt eine signifikante Verfremdung und Distanznahme dar. In ästhetischer Sicht wird hierdurch die Bildautonomie betont. Die Gemälde verweigern sich solchermaßen einem visuellen Dialog mit dem Betrachter. In ihrer Existenz als autonomes Kunstwerk sind sie quasi auf sich selbst zurückgeworfen. Modigliani reformiert und revolutioniert hiermit die überkommene Mimesis des gemalten Bildnisses.

In diesen Zusammenhang sind auch die Namenszüge der Porträtierten zu stellen. Modigliani macht aus diesem Verfahren ein Charakteristikum seiner Porträts aus der Pariser Künstler- und Literatenszene. Der Namenszusatz ist also Indikator für eine gewisse Reputation der Dargestellten. Bei Modellen aus anderen Lebensbereichen unterlässt er dies. Man kann dieses Wesensmerkmal seiner Kunst als Ausweis eines gewissen klassisch inspirierten Konservatismus oder als dezidiert moderne Haltung werten. So ist die europäische Porträtkunst seit dem Mittelalter und der Renaissance dadurch gekennzeichnet, dass den Bildnissen häufig Namen und Schriftzusätze beigefügt sind. So haben die Porträts im weltlichen oder religiösen Kontext Memorialcharakter, der auch durch die begleitende Schrift getragen oder unterstützt wird.

Indem er plakativ den Namen der dargestellten Person auf den Gemälden vermerkt, stellt sich Modigliani zum einen in diese Traditionsfolge. Dieses Verfahren kann man jedoch auch als dezidiert modernistische Geste werten, die das Bildnis vom Ähnlichkeitsprinzip befreit. In seinen Porträts transformiert Modigliani gänzlich die Physiognomie der Dargestellten, stülpt ihnen vollkommen den modiglianesken Gestaltungswillen über. So werden die Bildnisse autonome Kunstwerke, deren Realitätsbezug zur dargestellten Person nunmehr der Namenszug herstellt. Auf diese Art und Weise höhlt der Italiener das überkommene künstlerische Genre des Porträts partiell aus und besetzt es ästhetisch neu.

DER HÄNDLER-DICHTER LEOPOLD ZBOROWSKI

Im Jahr 1916, in dem das Jacob-Porträt entsteht, wendet sich Modigliani einem neuen Kunsthändler in Person von Leopold Zborowski zu. Offensichtlich bricht der Italiener nicht gänzlich die Brücken zum Galeristen Paul Guillaume ab, sondern unterhält auch weiterhin Geschäftsbeziehungen zu ihm. Im Tausch gegen die komplette künstlerische Produktion Modiglianis stattet ihn sein neuer Kunsthändler Zborowski mit Malutensilien und einer täglichen Grundversorgung von 15 Francs aus. Der Künstler widmet ihm mindestens drei gesicherte Porträts, die ihn als distinguierten Zeitgenossen in modischer Herrenkleidung zeigen.

Die erhaltene Korrespondenz zwischen Modigliani und Zborowski ist mehrheitlich geschäftlicher Natur, und der Italiener kokettiert in ihr bisweilen mit dem ausgesprochenen Geschäftssinn seines Galeristen. So schreibt er ihm in launiger Stimmung zum Jahreswechsel 1918/19 von der Côte d'Azur:

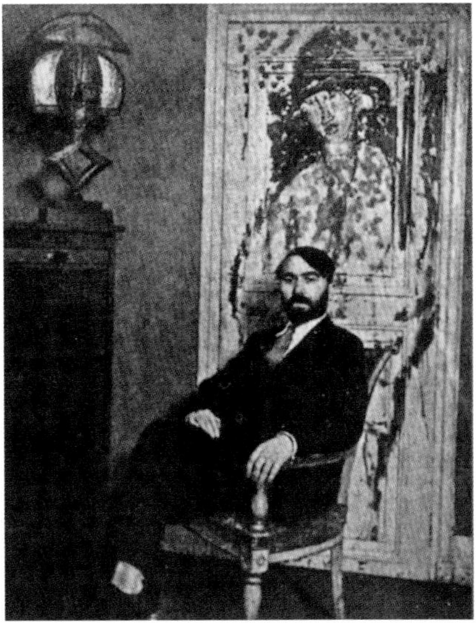

Leopold Zborowski, Paris, 1918

„Kurz vor Mitternacht. Lieber Freund, Ich umarme Dich und hätte dies am Tage Deiner Abfahrt getan, wenn ich gekonnt hätte. Wir machen mit Survage im Coq d'Or einen drauf. Ich habe all meine Bilder verkauft. Schicke mir bald etwas Geld. Der Champagner fließt wie Wasser." Zborowski versteht offensichtlich den humoristischen Tenor des Briefes nicht und macht Modigliani Vorhaltungen, dass er den Exklusivvertrag mit ihm gebrochen hat. Hierauf antwortet ihm der Künstler: „Lieber Freund, Du bist naiv und verstehst keinen Spaß. Ich habe nichts verkauft. Morgen oder übermorgen sende ich Dir alles ..."

Leopold Zborowski stammt aus einem kleinen Ort in der Nähe von Lemberg in Galizien und kommt vor dem Ersten Weltkrieg zu Studienzwecken nach Paris mit dem offensichtlichen Ziel, Kunstkritiker zu werden. Ganz in diesem durch seine Studien begründeten Selbstverständnis führt er die Berufsbezeichnung „homme de lettres" (Schriftsteller) in seinem Personalausweis und wird bisweilen auch „Händler-Dichter" genannt. Um seinen Lebensunterhalt zu sichern, verkauft er antiquarische Bücher und Druckgrafiken und beginnt zunehmend in den Kunsthandel einzusteigen.

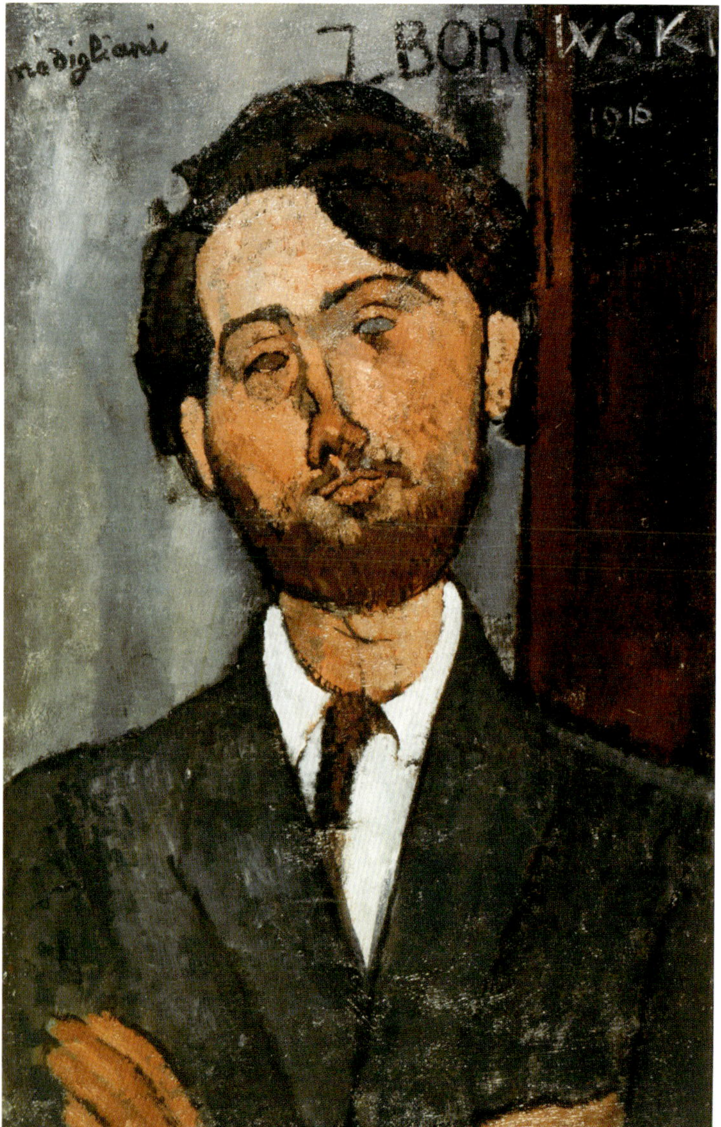

Porträt Leopold Zborowski, 1916, Öl auf Leinwand, 65 × 42 cm

Der freundschaftlich auch Zbo genannte Kunsthändler stellt Modigliani Räumlichkeiten in seiner Wohnung in der Rue Joseph Bara als Atelier zur Verfügung. Viele der ab 1916 geschaffenen Gemälde entstehen dort oder im Atelier von Moise Kisling in unmittelbarer Nachbarschaft. Zborowski ist das, was die Franzosen einen „marchand en chambre" nennen. Er besitzt keine eigentliche Galerie, sondern verkauft aus seinen privaten Räumlichkeiten heraus Kunstwerke. Vornehmlich vertritt er osteuropäische Juden wie den genannten Moise Kisling und Chaim Soutine, die in Paris künstlerisch Fuß zu fassen suchen.

Ein Zborowski gewidmetes Gemälde Modiglianis datiert aus dem Jahr 1916, in dem die Geschäftsbeziehung zum Kunsthändler ihren Anfang nimmt. Es präsentiert den Händler-Dichter in bildfüllender Nahsicht als Brustbild. Mit verschränkten Armen posiert Zbo hier in elegantem, weltmännischem Habitus mit Krawatte und Jackett. Dreiviertel des Hintergrundes hat der Maler in einem grau-blauen Ton gehalten, der mit der dunkleren Jackettfarbe des Kunsthändlers harmoniert. Das verbleibende rechte Viertel ziert eine braune Fläche, die eine Tür oder Kommode anzudeuten scheint. Zborowski hält seinen bärtigen Kopf leicht schräg, sodass er sich effektvoll vor dem helleren Bildfond artikuliert und das Porträt durch diese Haltung dynamisiert wird.

DAS DOPPELPORTRÄT DER EHELEUTE LIPCHITZ

Seit 1912 ist Modigliani mit dem aus Litauen stammenden Bildhauer Jacques Lipchitz befreundet. Dieser hat in seinen Lebenserinnerungen einen detaillierten Bericht über die Genese des Doppelporträts hinterlassen, das Modigliani in seinem Auf-

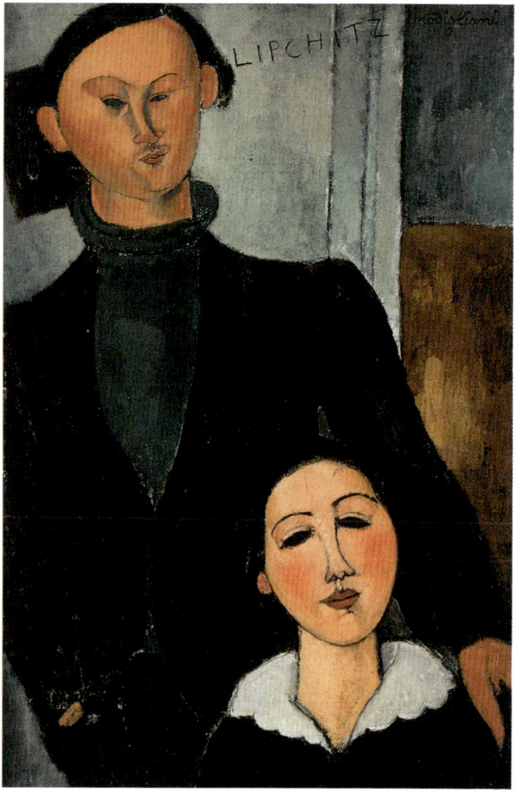

Jacques und Berthe Lipchitz, 1916, Öl auf Leinwand, 81,3 × 54,3 cm

trag geschaffen hat. „Du kennst meinen Preis, 10 Francs und etwas Alkohol" – so soll der Maler seine Konditionen für den Porträtauftrag benannt haben. Er kommt nach Klärung der Rahmenbedingungen am folgenden Tag und fertigt seiner Gewohnheit folgend eine Reihe von Entwurfszeichnungen an. Hierzu führt Lipchitz aus: „Er kam am nächsten Tag und machte vielleicht zwanzig vorbereitende Zeichnungen in bestürzender Geschwindigkeit; er fing mit den Augen an und schritt voran, ohne innezuhalten. Ich hatte von einem bekannten Fotografen ein Hochzeitsfoto machen lassen, das ich meinen Eltern schicken wollte, und er verwendete die Pose daraus. Am folgenden

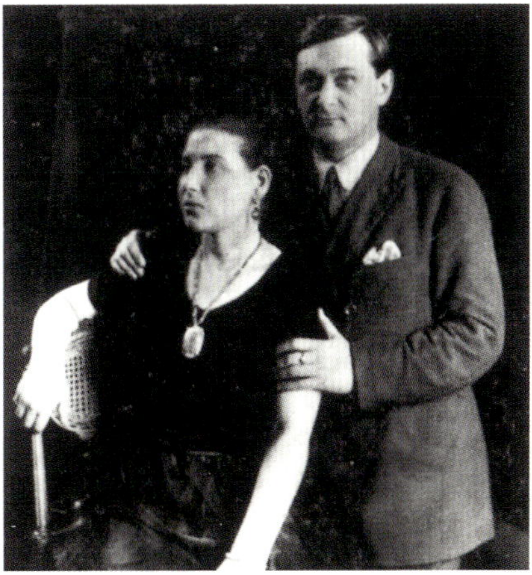

Hochzeitsfoto der
Eheleute Lipchitz, 1916

> **Die Zeichnung eines Malers ist wie das intime Tagebuch eines Schriftstellers.**
>
> Lamberto Vitali, Kunstschriftsteller

Tag erschien er um ein Uhr mit einer alten Leinwand und fing zu malen an. Von Zeit zu Zeit unterbrach er, um einen Schluck Alkohol aus der neben ihm stehenden Flasche zu nehmen, trat einen Schritt zurück und betrachtete sein Werk: gegen fünf Uhr erklärte er, er sei fertig." In seinem Doppelporträt wiederholt Modigliani seitenverkehrt die Position des jungen Hochzeitspaares. Er übernimmt aber lediglich die beschützend liebevolle Geste des Ehemanns, der seine Linke auf der Schulter seiner jungen Ehefrau ruhen lässt. Gegenüber dem Hochzeitsfoto wählt der Maler weitaus weniger offiziellere und formellere Kleidung. So trägt der befreundete Künstler auf seinem Gemälde einen Rollkragenpullover und keine Krawatte mit Einstecktuch mehr. Wohl aus formal-kompositorischen Erfordernissen ist Lipchitz' Ehefrau Berthe mit einem breiten weißen Rüschenkragen dargestellt, der sich effektvoll vor der Hintergrundfolie der dunklen Kleidung ihres Gatten abhebt.

Nach eigener Aussage findet Lipchitz den geforderten Preis Modiglianis zu gering und möchte durch gewünschte Überarbeitungen und Änderungen im Rahmen zusätzlicher Porträtsitzungen dem Freund mehr Geld zahlen. Der Malerfreund sträubt sich zunächst und entgegnet: „Wenn Du willst, dass ich es ruiniere, kann ich weitermachen." Dem Wunsch des Freundes Lipchitz folgend, arbeitet er schließlich im vorliegenden Fall ganze zwei Wochen an dem Doppelporträt.

Der Bericht Lipchitz' ist in vielen Aspekten aufschlussreich. So bestätigen auch verschiedene andere Zeitzeugen und Künstlerkollegen, dass Modi seine Gemälde minutiös durch eine Vielzahl von Zeichnungen vorzubereiten pflegt. Die zeichnerischen Vorstudien eines Gemäldes dienen bei ihm der Läuterung und Reduktion der Form. Der deutsche Expressionist Ludwig Meidner lernt ihn bereits 1906 in Paris kennen und ist ihm freundschaftlich verbunden. Er gibt folgenden detaillierten Bericht über die zeichnerische Technik Modiglianis: „Auch die Art seines Zeichnens war eigentümlich. Er pflegte auf dünnem Papier nach dem Leben zu zeichnen; doch bevor das Blatt beendet war, legte er einen neuen weißen Bogen darunter, darauf Graphitpapier und pauste, die ursprüngliche Zeichnung stark vereinfachend, durch. (...) Wenn er sich einmal hingesetzt hatte, konnte er Dutzende von Porträts hervorbringen." Die von Meidner beschriebene Technik des Durchpausens ist keine individuelle Entwicklung Modiglianis, sondern war auch schon in vorausgehenden Jahrhunderten in Gebrauch. Der Italiener setzt aber offensichtlich die Zeichnung sehr bewusst im Hinblick auf die Läuterung der

Es ist unseriös, zu behaupten, Modigliani hätte die Zahl der Halswirbel nicht gekannt.

Ilja Ehrenburg, Schriftsteller

Formen ein. Erst nachdem er im Rahmen von zahlreichen Vorzeichnungen die gewünschte Haltung der Person festgelegt hat, begibt er sich an die Ausführung des Gemäldes. Modigliani braucht die physische Präsenz seines Modells. In wenigen Einzelfällen bedient er sich quasi als flankierende Maßnahme einer Fotografie. Die Gemälde vollendet er bisweilen in einer einzigen mehrstündigen Porträtsitzung, manchmal entstehen sie in nur wenigen Tagen. Der Arbeitsrhythmus des Italieners ist also vergleichsweise schnell.

Im Pariser Fachhandel für Künstler sind zu seiner Zeit standardisierte Formate für Leinwände üblich. Unterschieden wird nach „Figure", „Paysage" und „Marine". Im Rahmen eines 2017/18 durchgeführten Modigliani-Forschungsprojekts hat man 76 Gemälde des Künstlers untersucht, von denen 45 Werke den handelsüblichen Formaten entsprechen. Das von Modigliani mit Abstand am häufigsten verwendete Standardformat ist die „Marine." Dieses gestreckte Querformat nimmt er gern für seine überlängte und stilisierte Gestaltwelt als Hochformat. In 21 Fällen weichen die Dimensionen von den handelsüblichen Standards ab. Daraus lässt sich schließen, dass Modigliani eigenhändig die Leinwände zuschneidet und auf das Chassis spannt. Wie Röntgenaufnahmen und Infrarot-Reflektografie zeigen, übermalt Modigliani häufig seine Leinwände. Dieser Umstand ist darauf zurückzuführen, dass der Künstler in großer Armut lebt und Malmaterialien wiederverwenden muss. Die Aufnahmen einer Vielzahl seiner Gemälde belegen, dass er seine Bilder mit einer minutiösen Unterzeichnung versieht. Entweder führt er sie mit Blei- oder Grafitstift aus, teils mit feinem Pinsel. Die Maloberflächen der fertigen Werke lassen erkennen, dass er dieses lineare, zeichnerische Gerüst der

Werke häufig stehen lässt und nicht übermalt. Vielmehr malt er bis an die Ränder dieser vorbereitenden Linien. So schimmert hinter dem großen, virtuosen Maler und Farbkünstler Modigliani immer wieder der als Zeichner räsonierende Künstler durch.

JEANNE HÉBUTERNE – DIE SANFTE MUSE

Zu Beginn des Jahres 1917 macht Modigliani die Bekanntschaft einer angehenden Künstlerin, die in der Académie Colarossi Zeichenunterricht nimmt. Hierbei handelt es sich um eine private Kunstschule ohne Aufnahmeexamen, in der nach dem lebenden Modell gearbeitet wurde. Auch Modigliani hatte sich hier kurz nach seiner Ankunft in Paris eingeschrieben, um sich künstlerisch zu vervollkommnen. Der Italiener ist 14 Jahre älter als Jeanne Hébuterne, die damals gerade einmal 19 Jahre alt ist. Jeanne entstammt einer wertkonservativen, sehr katholischen Familie, die das außereheliche Verhältnis der Tochter aufs Höchste missbilligt. Während seine frühere Geliebte Beatrice Hastings wie eine destabilisierende „femme fatale" ins Leben von Modigliani getreten ist, führt ganz im Gegensatz hierzu sein Zusammenleben mit Jeanne Hébuterne zunächst zu einer Festigung seiner äußeren Lebensumstände.

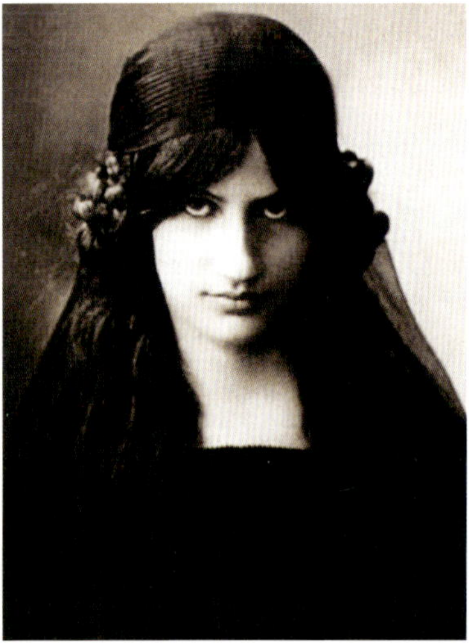

Jeanne Hébuterne, 1914

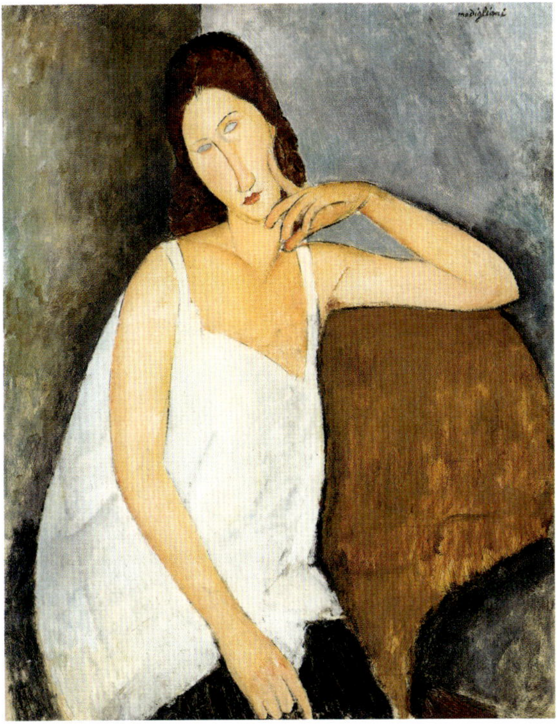

Porträt Jeanne Hébuterne, 1919, Öl auf Leinwand, 91,4 × 73 cm

Beide ziehen zusammen, und Ende 1918 wird ihre gemeinsame Tochter Jeanne geboren. Der unstete, sprunghafte Künstler, dessen Alkoholexzesse die einzige Kontinuität bilden, ist nun Familienvater, und damit haben sich die Rahmenbedingungen seiner Existenz grundlegend gewandelt.

Modigliani umkreist die zartgliedrige Lebensgefährtin in über 25 Porträts. Jeannes kastanienfarbene Haare, die ihr den Spitznamen „noix de coco" (Kokusnuss) eingebracht haben, bestimmen den Farbkanon der ihr gewidmeten Gemälde. Wie eine weltliche „Madonna mit dem langen Hals" stellt er Jeanne als grazil gelängte Gestalt mit feingliedrigen Fingern dar. Das Négligé, das sie in einem Gemälde aus dem Jahre 1918 im Metropolitan

Museum of Art trägt, unterstreicht motivisch die Intimität zwischen dem Künstler und seinem Modell. Während er seine vormalige Muse Beatrice Hastings vornehmlich in modischer Kleidung mit extravaganten Hüten dargestellt hat, dominiert nun die familiäre Vertrautheit mit dem Modell. Fast alle Zeitzeugen betonen, dass Jeanne Hébuterne mit ihrem feingliedrigen Körperbau und den langen Gliedmaßen eigentümlich „gotisch" wirkt, und die ihr gewidmeten Porträts von der Hand ihres Lebensgefährten tragen diesem Umstand Rechnung.

Bisweilen bricht Modigliani die hieratische Frontalität seiner Bildnisse auf und stellt die junge Muse im Profil dar. Auch im Falle seiner Lebensgefährtin und Mutter seiner Tochter bleibt der Maler seinem Stil treu. In der Regel wählt er für sie die pupillenlosen, nicht sehenden Augen, die den Betrachter in die Rolle eines visuellen Monologs mit einem maskenhaft erstarrten, seine Blicke nicht erwidernden Gesicht zwingen. Je nach Werkverzeichnis variieren die Modigliani zugeschriebenen Gemälde, die er seiner letzten großen Liebe gewidmet hat, zwischen 20 bis über 25. Damit ist Jeanne im Bildkosmos die vom Italiener am meisten dargestellte Person, und dieser Umstand scheint die tiefe emotionale Bindung des Malers zu seiner Lebensgefährtin zu spiegeln.

In der zweiten Jahreshälfte 1918 verschlechtert sich der Gesundheitszustand des Künstlers. Fieberschübe und starke Hustenanfälle quälen ihn. Wohl auf Anraten eines konsultierten Arztes und vor dem Hintergrund des Kriegsgeschehens reist Modigliani mit seiner Lebensgefährtin für fast ein Jahr an die Côte d'Azur, wo sie in Nizza auf zahlreiche befreundete Künstler treffen.

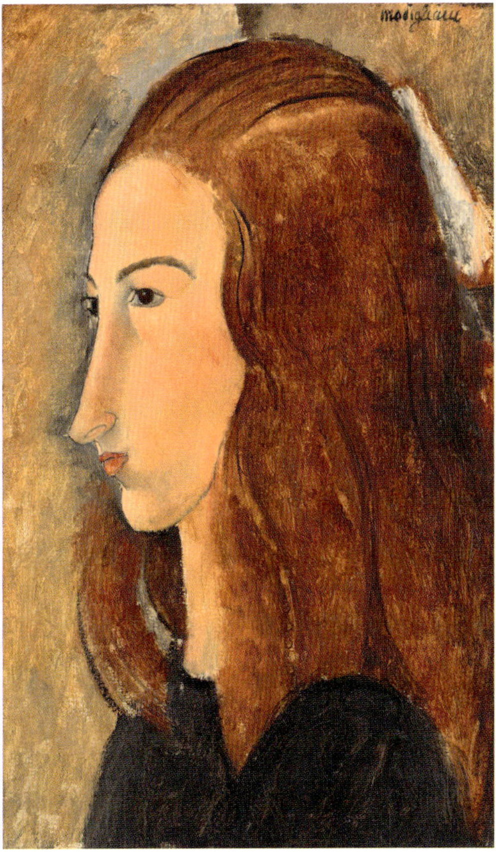

Porträt Jeanne Hébuterne, 1918, Öl auf Leinwand, 45,8 × 28 cm

In Südfrankreich entstehen die wenigen Landschaften, die von seiner Hand existieren. Gegenüber dem russischen Maler Leopold Survage betont Modigliani brieflich seine grundlegende Distanz zu diesem künstlerischen Genre: „Bei der Landschaft gibt es nichts auszudrücken." Der Maler ist sich seiner Unsicherheit und tastenden Suche als Novize im Medium der Landschaftsmalerei in klarsichtiger Weise bewusst. So schreibt er im Februar 1919 an seinen Kunsthändler Zborowski: „Ich versuche mich an Landschaften. Die ersten Gemälde sehen

Die schöne Verkäuferin, 1918, Öl auf Leinwand, 100 × 65 cm

vermutlich aus wie die eines Anfängers." In der Tat wirken die vier von seiner Hand erhaltenen Landschaften ein wenig steril und etwas ungelenk. Unverkennbar führt jedoch das Licht des Midi dazu, dass sich seine Palette aufhellt. Es entstehen zahlreiche Porträts in lichter, pastellhafter Farbigkeit. Bei vielen dieser in Südfrankreich entstandenen Werke trägt er die Farbe lasierend und vergleichsweise dünn auf, sodass der helle Malgrund durchschimmert.

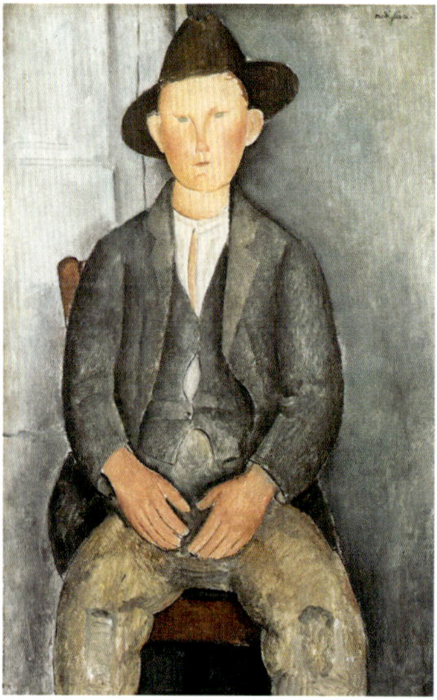

Bauernjunge, um 1918, Öl auf Leinwand, 100 × 64,5 cm

Modigliani erkundet nicht nur malerisch, sondern auch familiär völlig neue Gefilde, denn am 29. November 1918 wird in Nizza die Tochter Jeanne geboren. Modiglianis Briefe an die Familie in Italien künden von Vaterstolz und Enthusiasmus, wenngleich auch das junge Künstlerpaar im Alltag mit der Fürsorge für ein Kleinkind überfordert zu sein scheint. Schon früh engagieren sie ein Kindermädchen. Nach der im Frühjahr 1919 erfolgten Rückkehr aus dem Süden geben sie die Tochter dauerhaft zu einer Amme unweit von Paris und besuchen sie dort regelmäßig. Die Vaterschaft macht sich jedoch leise im Œuvre Modiglianis bemerkbar: So porträtiert er an der Côte d'Azur wiederholt auch Kinder. Der längere Aufenthalt im Midi hinterlässt solchermaßen die Spur einer malerischen Frischzellenkur im Schaffen Modiglianis.

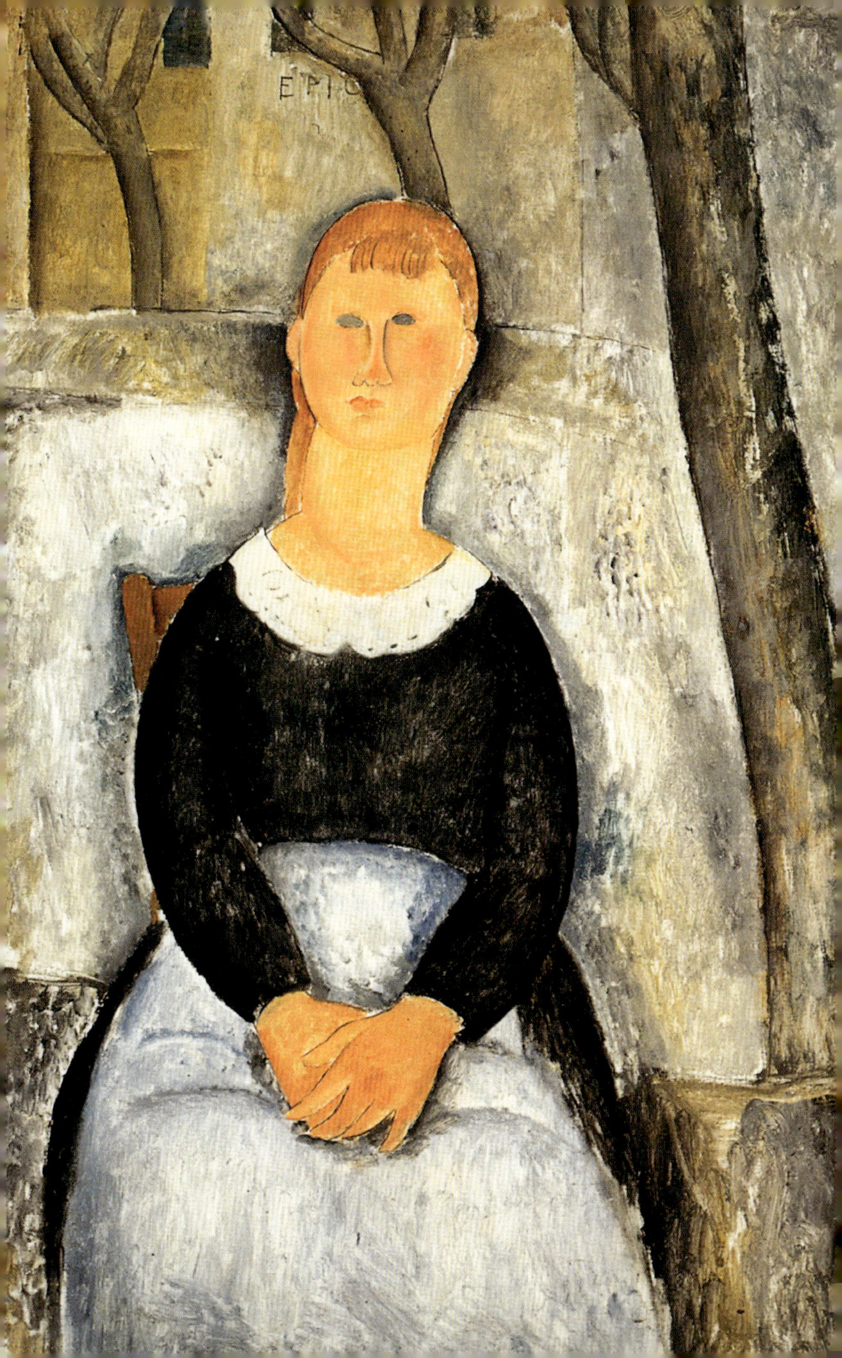

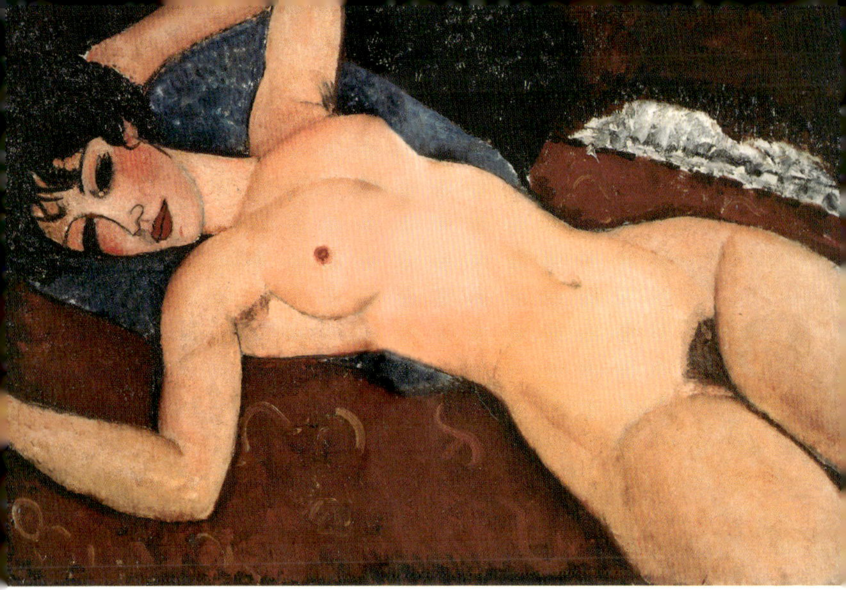

Liegender Akt, die Arme geöffnet, 1917, Öl auf Leinwand, 60 × 92 cm

Aufruhr um die großen Akte

Zu den späten malerischen Kostbarkeiten im Œuvre Modiglianis zählt zweifelsfrei eine Gruppe von etwa dreißig großformatigen Frauenakten. Der Kritiker Carco schreibt am 15. Juli 1919 in der Zeitschrift *Eventail*: „Das animalisch Geschmeidige, unbeweglich wartend, in Selbstaufgabe, in glücklicher Schwäche, hat noch nie einen besseren Interpreten gefunden." Die Wortwahl Carcos dürfte heutige Leserinnen gegen den Künstler und seinen Apologeten aufbringen, da die Frau als schutzbedürftiges Lustobjekt in passivischer Attitüde beschrieben wird.

Carcos Hymnus auf die Frauenakte Modiglianis ist jedoch in dem Maße charakteristisch, als er die Werke des Italieners offensichtlich als Projektionsfläche für erotische Männerfantasien beschreibt. Auch der namhafte deutsche Kunsthistoriker Werner

> **Aber es sind vor allem seine Aktstudien, die das Genie des Künstlers bestätigen.**
>
> Waldemar George, Kunstkritiker

Haftmann fabuliert erotisierend über die Genese der Frauenakte Modiglianis, indem er ausführt, sie seien „Medinetten, die seine Nächte mit ihm teilten und am Morgen noch Schlaf- und liebeswarm ihm Modell lagen …" Formulierungen wie diese legen nahe, dass die großen Frauenakte des Italieners den Stellenwert eines gemalten Coitus interruptus haben, und eine solche Einordnung sagt vermutlich mehr über die Interpreten als über den Künstler aus.

Immerhin bringen es die Akte unfreiwillig zu einem Skandalerfolg in der Pariser Galerie Berthe Weill, wo sie neben anderen Werken im November 1917 ausgestellt werden. Einige der großformatigen Akte werden in der Vitrine der Galerie präsentiert und erregen dort bereits am Tag der Vernissage großes Aufsehen bei den Passanten. Die hierauf alarmierte Pariser Polizei erachtet laut den Worten ihres örtlichen Leiters die Darstellung weiblicher Schambehaarung für unsittlich und lässt die Ausstellung wegen der Erregung öffentlichen Ärgernisses schließen. So ist Modiglianis einzige Einzelausstellung zu Lebzeiten im Grunde genommen eine Nullnummer, denn sie findet gar nicht statt. Um den Künstler und auch seinen angestammten Händler Zborowski zu entschädigen, kauft die Galeristin Berthe Weill einige Werke.

Der Zeitzeuge Francis Caro weiß zu berichten, dass Modiglianis große Akte „die Vorübergehenden schockierten". Noch Giovanni Scheiwiller, einer der ersten Biografen Modiglianis, reproduziert in seiner 1927 veröffentlichten Monografie über den Künstler nur selektiv und scheinbar widerstrebend die

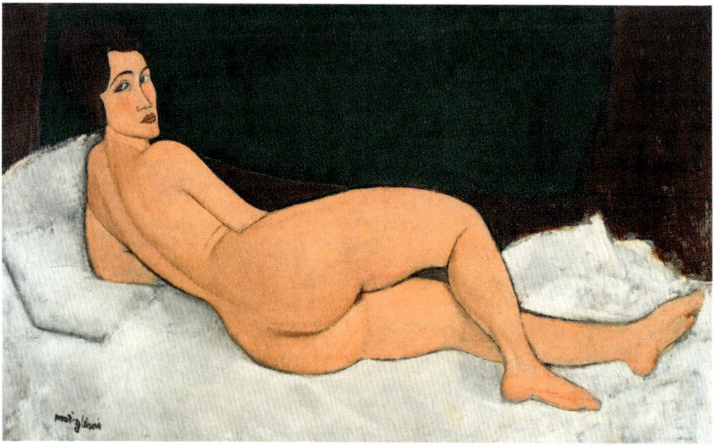

Liegender Akt (nach links gewendet), 1917, Öl auf Leinwand, 90,5 × 146,4 cm

großen Aktgemälde des Landsmanns mit der Begründung, er wolle das „öffentliche Schamgefühl nicht verletzen". Die Roaring Twenties sind eigentlich nicht als übermäßig prüde und die Sexualität tabuisierende Epoche in die Geschichte eingegangen. Aber Modiglianis Frauenakte erregen auch noch 1949 die Gemüter. Als das amerikanische Magazin *Life* einige Werke abbildet, kündigt eine nicht unerhebliche Zahl von Lesern ihr Abonnement. Doch hier geht es nicht um Pornografie, wie der Stil der Akte, ihre Bildregie und nicht zuletzt die kunstgeschichtlichen Referenzen belegen: In einzelnen Teil- und Haltungsmotiven beschwört Modigliani wiederholt prominente historische Vorbilder herauf. Die großen venezianischen Maler Tizian und Giorgione gehören beispielsweise zu erkennbaren Inspirationsquellen. Hierdurch stellt sich der Italiener bewusst in eine Traditionsfolge und er tut es zu einer Zeit, in der in Frankreich geschmacklich mit dem **„Ordnungsruf"*** eine konservative Volte eingeleitet wird. Die Grundthese lautet, dass die Vorkriegsavantgarden Ausdruck einer latenten Überspanntheit waren und fast ausschließlich von in Paris tätigen, ausländischen Künstlern initiiert wurden. So wird der Kubis-

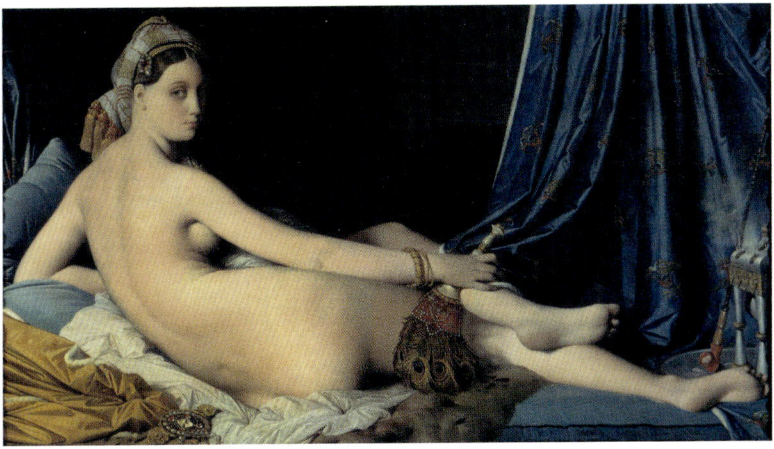

Jean-Auguste-Dominique Ingres, **Die große Odaliske**, 1814, Öl auf Leinwand, 91 × 162 cm

mus mit dem Spanier Pablo Picasso und der Futurismus mit den Italienern Boccioni, Severini und Balla assoziiert. Nach dem Desaster des Ersten Weltkriegs solle sich Frankreich nun auf seine kulturellen Wurzeln und romanische Identität besinnen. Durch diese klassizistische Wende gerät das Schaffen Modiglianis, ohne dass dieser aktiv diesen Prozess befördert hätte, ins Epizentrum des Zeitgeschmacks. Der Ordnungsruf impliziert ein Zurück zu figürlichen Darstellungsweisen, er geht einher mit einer Orientierung an museal kanonisierten Klassikern. Im Jahr 1919, als Modigliani einen Großteil seiner weiblichen Akte malt, schreibt Georges Braque als ehemaliger kubistischer Mitstreiter von Pablo Picasso einen Brief an den gemeinsamen Kunsthändler Kahnweiler, in dem er konstatiert: „Picasso hat einen neuen Stil kreiert, ‚Ingresque' genannt." Dieses Stiletikett charakterisiert die klassizistische Ausrichtung an der Kunst Jean-Auguste-Dominique Ingres. Betrachtet man Werke wie Modiglianis *Liegenden Akt* aus dem Jahr 1917, so drängen sich bei ihm motivische Analogien zu berühmten Gemälden Ingres' auf. Die *Grande Odalisque* ist einer der wohl berühmtesten Rückenakte der Kunstgeschichte

Paul Guillaume und Modigliani in Nizza, 1917

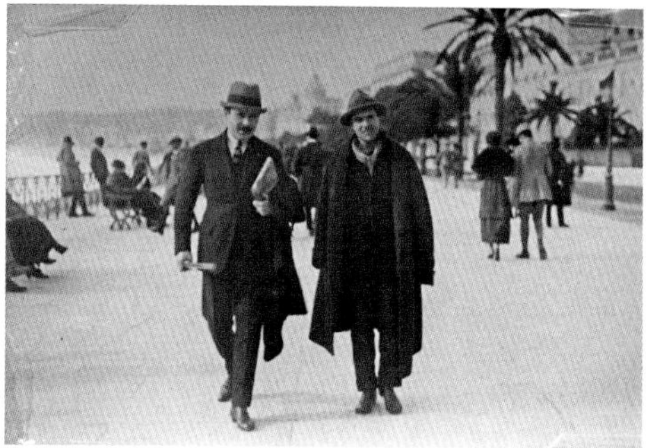

und eine unverkennbar vornehme Referenz für den Italiener gewesen, die er jedoch schöpferisch zu variieren versteht. In den Haltungsmotiven seiner schlafenden, sich wohlig räkelnden Frauenakte greift Modigliani bisweilen auf ein motivisches Repertoire zurück, das von den bereits erwähnten Malern wie Tizian und Giorgione bis zu Francisco de Goya reicht. Der Darstellungstradition verpflichtet ist insbesondere der hinter den Kopf geführte, angewinkelte Arm als kanonischer, ursprünglich antiker Gestus, der den Schlaf der Dargestellten andeutet. Modigliani wahrt in seinen Frauenakten ein prekäres Gleichgewicht: Einerseits kreiert er sinnliche Nähe in körperlicher Perfektion, doch andererseits schafft er hochgradig stilisierte Kunstwesen einer ästhetisierten Sphäre jenseits der Wirklichkeit.

Die Einstellung des Italieners zum Genre des Aktes und zum Frauenkörper überhaupt verdeutlicht mustergültig ein Wortwechsel mit dem hochbetagten, zur lebenden Legende avancierten Auguste Renoir. Während seines fast ein Jahr dauernden Aufenthalts an der Côte d'Azur findet Modigliani zwischenzeitlich im kleinen Ort Cagnes-sur-Mer, der zwischen Cannes und Nizza liegt, freundschaftliche Aufnahme bei der skandinavischen Künstlerfamilie Osterlind. Diese wohnt in direkter Nachbarschaft zu Auguste Renoir. Auf Wunsch Modiglianis vermittelt sein skandinavischer Freund ein Treffen mit dem Meister. Diese Zusammenkunft endet laut dem glaubhaften Bericht des Augenzeugen Osterlind in einem

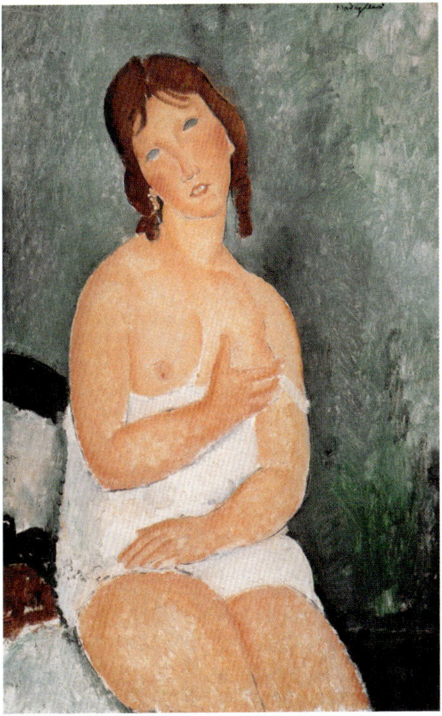

Weiblicher Halbakt,
1918, Öl auf Leinwand,
100 × 65 cm

fulminanten Fiasko. „So, Sie sind also auch Maler, junger Mann!", äußert Renoir gegenüber Modigliani, der dessen jüngst entstandene Bilder betrachtet. „Malen Sie mit Freude, mit derselben Freude, mit der Sie eine Frau lieben?" Der Italiener hüllt sich in eisiges Schweigen. „Streicheln Sie lange Ihre Gemälde?", fragt ihn insistierend Renoir. „Ich streichle die Pobacken tagelang, bevor ich ein Gemälde vollende." Auf diese Bemerkung Renoirs hin erhebt sich Modigliani brüsk und sagt harsch im Hinausgehen: „Monsieur, ich liebe keine Pobacken." Ist Modigliani frustriert und enttäuscht, statt eines imposanten Großmeisters seines Faches einen libidinösen Greis vorzufinden, dem das Malen scheinbar zur erotischen Ersatzhandlung geworden ist? Seine trotzige Bemerkung könnte zumindest im Kern künstlerischen Bekenntnischarakter haben: Der gemalte Frauenkörper ist ein Werk der Kunst und nicht malerischer Ausdruck der eigenen Libido. Der opulenten Sinnlichkeit Renoir'scher Frauenakte stehen Werke von seiner Hand entgegen, die in hochgradig stilisierter und entrückter Manier den weiblichen Körper beschreiben. So sind seine gemalten Frauen Kunstwesen, denen man nicht geneigt ist, das Gesäß zu streicheln.

Selbstbildnis und Abschied

Das bildhauerische und malerische Œuvre des Italieners umkreist in Gänze die menschliche Gestalt. Vor dem Hintergrund dieser klaren Ausrichtung seines Werkes ist es umso erstaunlicher, dass Modigliani die eigene Physiognomie offensichtlich nur punktuell zum Gegenstand seines künstlerischen Schaffens erwählt hat.

Das wohl aus dem Jahr 1915 stammende Gemälde mit Darstellung einer Pierrot-Gestalt ist früh schon in den Werkeinträgen als vermeintliches Selbstbildnis des Künstlers katalogisiert worden. Es wird, wie Ceroni in seinem *Catalogue raisonné* ausführt, seit seiner Inventarisierung im Kopenhagener Statens Museum for Kunst als *Bildnis des Künstlers in Pierrot-Kostüm* geführt.

Mit einem Auge blickst Du in die Welt hinaus, mit dem anderen Auge in Dich hinein.

Modigliani gegenüber Leopold Survage

Die landläufige Deutung dieses Werks als Selbstbildnis Modiglianis gründet sich auf eine lange Darstellungstradition und ist vor diesem Hintergrund ein historisch argumentierender Indizienschluss. In Frankreich sind insbesondere die Commedia-dell' Arte-Figuren Antoine Watteaus von den Romantikern des 19. Jahrhunderts als mustergültige Repräsentanten des „traurigen Spaßmachers" gedeutet worden. Théophile Gautier und Charles Baudelaire beschreiben als Literaten die Tristesse des professionellen Buffo, der sein Dasein als gesellschaftlicher Außenseiter fristet und dem das bürgerliche Publikum nur dann Aufmerksamkeit schenkt,

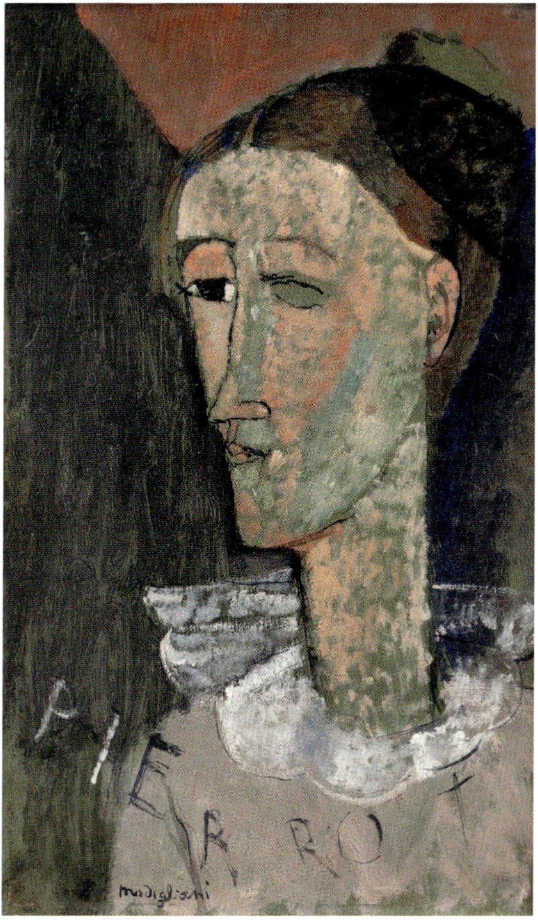

Bildnis des Künstlers in Pierrot-Kostüm, 1915, Öl auf Karton, 43 × 27 cm

Die für Modigliani typische Dualität von sehendem und nicht sehendem Auge ist hier ebenso anzutreffen wie der überlängte Schwanenhals der Figur. Das Inkarnat changiert in tupfender Manier zwischen Fleischfarbe und einem hellen Grünton, der der Pierrot-Figur etwas bewusst Artifizielles verleiht. Hierdurch gibt der Italiener der Pierrot-Gestalt die Anmutung einer der Welt entrückten Kunstfigur.

Selbstbildnis, 1919,
Öl auf Leinwand,
100 × 64,5 cm

wenn er seine ihm zugeschriebene Rolle des notorisch gut gelaunten Spaßmachers spielt. Das ausgehende 19. Jahrhundert und die Décadence besingen den Typus des „Pierrot lunaire", des mondtrunkenen Pierrots. Als elegisch-gebrechliche Gestalt leidet er an chronischer Schwermut. „Pierrot! Mein Lachen / Hab ich verlernt! Das Bild des Glanzes / Zerfloß – zerfloß" heißt es in einem Gedicht („Gebet an Pierrot") des belgischen Dichters Albert Giraud. Von den Zeichnungen Honoré Daumiers reicht die diesbezügliche Darstellungstradition bis zu den harlekinesken Gestalten Pablo Picassos aus dessen Rosa Periode, die auch als Gaukler- oder Zirkusperiode bezeichnet wird.

Aus dem Pariser Frühwerk Modiglianis sind zahlreiche zeichnerische Studien zu Gauklern und Figuren der Commedia dell'Arte erhalten. Sie zeigen nicht nur sein originäres Interesse am Bühnengeschehen, sondern dürfen auch als Auseinandersetzung mit dem anfänglich vorbildhaft empfundenen Picasso gewertet werden. So wird also Modigliani in dem Pierrot-Gemälde aus dem Jahre 1915 bestenfalls hinter der Maskerade eines etablierten Rollenkostüms fassbar. Aber in der Wahl dieser Gestalt artikuliert sich auch sein künstlerisches Selbstverständnis. In diesem Zusammenhang sei noch einmal an die Worte des Künstlers an seinen Studienfreund Ghiglia erinnert. Sie bezeugen eine dezidiert antibürgerliche, dem Esprit der Boheme und des schöpferischen Übermenschen verpflichtete Auffassung modernen Künstlertums.

Nur ein einziges explizites Selbstbildnis von der Hand Modiglianis ist überliefert. Dieser Umstand erstaunt umso mehr, als das Porträt ja die eigentliche Domäne des Malers ist. In roter Weste mit einem hellen Schal um den Hals verharrt der Maler

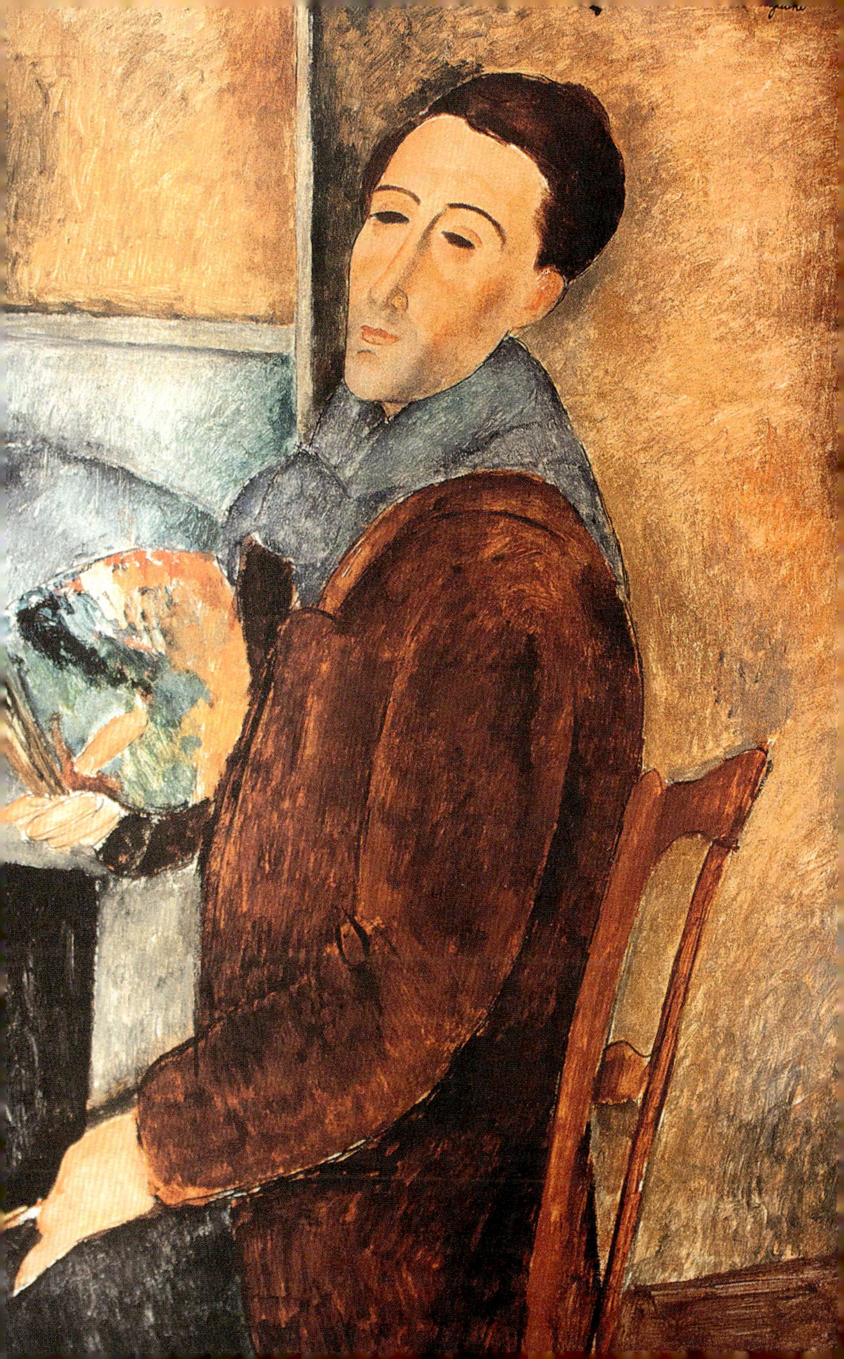

auf dem Bild mit zurückgeworfenem Haupt in einer scheinbar abwägenden Haltung. Wie einige Fotos des Künstlers bezeugen, entsprach es tatsächlich seiner Gewohnheit, ein farbiges Halstuch zu tragen. Das Gesicht wirkt schmal und maskenhaft erstarrt. Die Augen sind pupillenlos als dunkle Farbflächen angelegt. So stilisiert der Künstler sich selbst in genau dem Maße, in dem er auch seine zahlreichen Modelle durchgebildet hat. Während die Linke auf dem Oberschenkel ruht, hält der Maler in der Rechten Palette und Pinsel. Auf dieser sind alle Farbtöne auszumachen, die das Gemälde kennzeichnen. In konturhafter Geschlossenheit artikuliert sich die Gestalt des Malers prägnant vor dem monochromen Hintergrund. Am linken Bildrand ist hinter dem Maler eine nicht weiter ausdifferenzierte, helle Farbfläche erkennbar, bei der es sich um das Chassis eines Gemäldes handeln könnte. Modigliani präsentiert sich im Moment des Abwägens und Innehaltens bei der malerischen Arbeit. Ambrogio Ceroni, der Verfasser des ersten *Catalogue raisonné* seiner Werke, sieht in dem späten, wohl 1919 entstandenen Selbstbildnis eine Vorahnung des nahenden Todes. Ganz in dieser Perspektive beschreibt er den Künstler als von Müdigkeit und Krankheit gezeichnet. Viele Modigliani-Interpreten sind dieser Deutung Ceronis gefolgt und werten das Gemälde als das voraussichtlich letzte des Künstlers im Angesicht des nahenden Todes. Um der Nachwelt ein Bilddokument von sich selbst zu hinterlassen – so die ausgesprochene

Er war ein Kind der Sterne und die Wirklichkeit existierte nicht für ihn.

Leopold Zborowski in einem Brief an die Familie Modiglianis am 31.1.1920

oder implizite Lektüre des Werks –, habe der Italiener kurz vor seinem Tod sein einziges Selbstbildnis gemalt. Es ist zu fragen, ob es sich hierbei nicht um eine Mystifikation handelt, die dem Werk eine dramatisierende Tragik verleiht. Selbst wenn das Bild das letzte oder eines der letzten Bilder Modiglianis sein sollte, scheint er es nicht in visionärer Vorausahnung des nahenden Todes geschaffen zu haben. So schreibt er im Dezember 1919, also wenige Wochen vor seinem Tod, einen Brief an seine Mutter in Livorno folgenden Wortlauts: „Liebe Mama, ich schicke Dir ein Foto. Ich bedaure keines von meiner Tochter zu haben. Sie ist auf dem Lande bei ihrem Kindermädchen. Ich denke über eine Reise nach Italien nach, vielleicht im Frühjahr. Ich würde dort gern eine gewisse Zeit verbringen. Es ist aber noch nicht sicher ... Ich umarme Dich von Herzen, Dedo." Der Tenor dieses letzten an die Mutter adressierten Briefes legt nicht nahe, dass sich Modigliani zum Jahresende 1919 dem Tode nahe wähnte. Vor diesem Hintergrund sind die Spekulationen um die Intentionen des einzigen Selbstbildnisses in das Reich der Legendenbildung zu verbannen.

Die Begleitumstände seines Todes und insbesondere der Selbstmord seiner Lebensgefährtin Jeanne Hébuterne sind Gegenstand verschiedener, sich teilweise widersprechender Berichte von Zeitzeugen und Freunden gewesen. Die verlässlichste Quelle über das Ableben Modiglianis ist folgender Brief, den sein Kunsthändler Zborowski an Emmanuele, den Bruder des Künstlers, nach dessen Tod verfasst hat: „Der Arzt kam jeden Tag. Am sechsten Tage seiner Krankheit wurde ich selber krank und meine Frau ging morgens zu ihm. Bei ihrer Rückkehr erfuhr ich, dass er nun Blut spuckte. Wir beeilten uns, den Arzt aufzusuchen, der uns sagte, er müsse ins Krankenhaus gebracht werden. Man solle jedoch zwei Tage damit warten, bis die Blutungen gestoppt seien. Zwei Tage darauf wurde er schließlich ins Krankenhaus gebracht, aber er war bereits ohne Bewusstsein. Seine Freunde und ich taten alles Mögliche. Wir kontaktierten mehrere Ärzte, aber tuberkulöse Meningitis hatte sich ausgebreitet. Die Krankheit hatte ihn lange Zeit schon geschwächt, ohne dass der Arzt dies erkannt hatte." Modigliani stirbt am 24. Januar 1920, einem Samstagabend um 20:50 Uhr im Hôpital de la Charité, das im Quartier Latin im Herzen von Paris liegt. Zwei Tage nach Erhalt der Todesnachricht des geliebten Gefährten stürzt sich Jeanne Hébuterne hochschwanger aus der elterlichen Wohnung in den Tod. Die Inschrift des gemeinsamen Grabes auf dem Pariser Père Lachaise umschreibt ihren Selbstmord dichterisch wie folgt: „Bis zum letztmöglichen Opfer / hingebungsvolle Gefährtin / von Amedeo Modigliani."

Der Kunstkritiker Francis Carco resümiert die Vita Amedeo Modiglianis in dem ihm gewidmeten Nachruf: „Ein Leben, das von Armut und Elend gekennzeichnet war, das nur danach strebte, nicht Gemeinplätzen zu verfallen ... Ein Künstlerleben! Ein Leben der Exaltation!"

Modiglianis Grabinschrift auf dem Pariser Friedhof Père Lachaise vermerkt, dass der Tod ihn ereilte, als der künstlerische Ruhm sich einzustellen begann. Dies ist in der Tat keine rhetorische Übertreibung, sondern entspricht den biografischen Tatsachen. Die Zahl der Käufer und Sammler nimmt zu. Die Preise für Werke von Modigliani variieren zu seinen Lebzeiten zwischen 5 und 100 Francs, sind also Lichtjahre von den schon damals hoch ästimierten Werken der Impressionis-

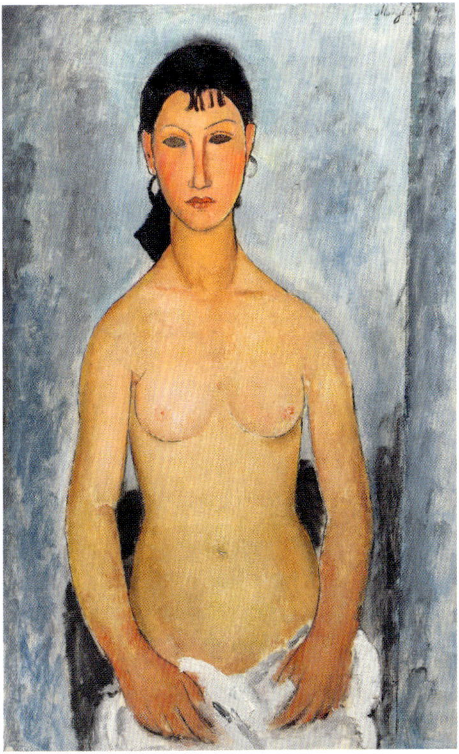

Weiblicher Akt, stehend (Elvira), 1918, Öl auf Leinwand, 92 × 60 cm

ten oder etwa denen Paul Gauguins entfernt. In Frankreich sind es Sammler wie Jonas Netter und Roger Dutilleul, die Gemälde und Zeichnungen von ihm kaufen. Modigliani wird aber auch zunehmend außerhalb Frankreichs im Rahmen von Ausstellungen gewürdigt. So eröffnet am 1. August 1919 die Mansard Gallery in London eine *Exhibition of French Modern Art* betitelte Präsentation mit Werken von Picasso, Matisse, Derain, Dufy, Utrillo, Renoir und Modigliani. Roger Fry schreibt in der Tagespresse, es handle sich um die repräsentativste Ausstellung französischer moderner Kunst seit Jahren in London. Der Kunstkritiker des *Burlington Magazine* führt aus: „Die beiden Künstler, deren Werke vermutlich die größte Überraschung bieten, sind Modigliani und Vlaminck. Modiglianis ungewöhnliches Gefühl für Charaktere findet seinen Ausdruck in einer extremen Vereinfachung der Farbe und der Kontur und in den überraschendsten Verdrehungen."

Meisterwerke und Meisterfälscher

Ungeachtet der posthum wachsenden Anerkennung besitzt das Œuvre Modiglianis lange keinen Sachwalter. Leopold Zborowski stirbt bereits 1932, und die einzige Tochter Jeanne Modigliani kann erst in den 50er-Jahren den verstreuten Nachlass des Vaters ordnen. Nicht zuletzt diesen Umständen ist geschuldet, dass heute fünf konkurrierende Werkverzeichnisse für das Schaffen Modiglianis existieren. Die Zahl der ihm zugeschriebenen Gemälde variiert von einem Catalogue raisonné zum anderen bisweilen um über hundert Werke. Die wissenschaftliche Grundlage für das Œuvre Modiglianis ist unübersichtlich.

Der Italiener gehört zu den meistgefälschten Künstlern der Moderne. Dies liegt auch daran, dass er eine eindeutige künstlerische Handschrift hat, die leichter zu imitieren ist als etwa der virtuose Stilpluralismus eines Pablo Picasso. Fälschungen sind bedarfsorientiert, und in den letzten Jahrzehnten hat die Nachfrage nach Modigliani die Preise seiner Werke in astronomische Höhen getrieben, was auch die Lukrativität von Fälschungen steigert.

1984 wird das Werk Modiglianis in seiner Geburtsstadt Livorno zum Gegenstand einer aufsehenerregenden Posse. Einer Legende nach soll der Künstler aus Frustration über abfällige Kommentare seiner Freunde einige frühe Skulpturen in den Fosso Reale, einen in der Innenstadt gelegenen Kanal, geworfen haben. Anlässlich des 100. Geburtstages des Künstlers wird der Fosso Reale ausgehoben, um die legendären Skulpturen zu bergen. Unter großer Anteilnahme der Bevölkerung verlaufen die Arbeiten jedoch zunächst ergebnislos. Hierauf beschließen

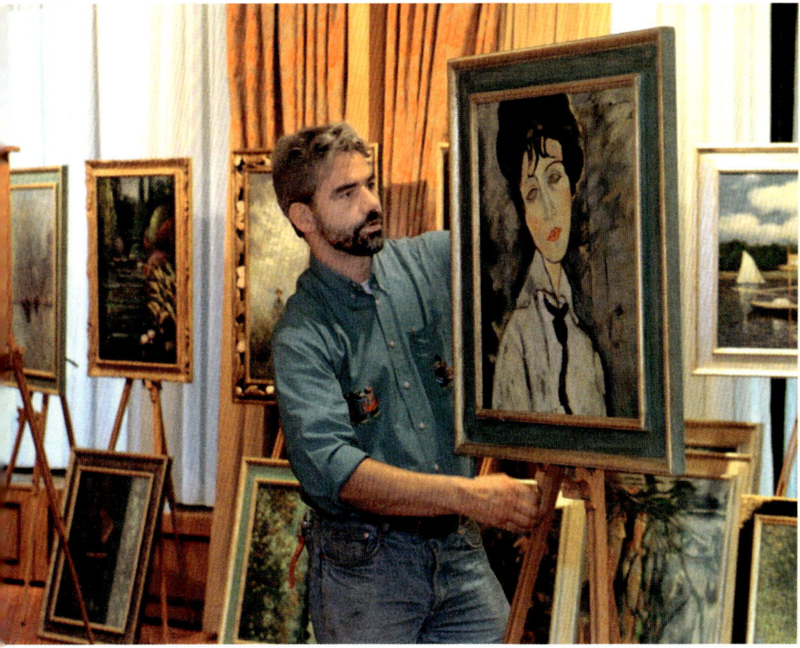

Präsentation eines gefälschten Modigliani-Bildes in Leipzig 1998

drei junge Männer, den ersehnten Fund selbst zu produzieren. Sie schaffen aus Steinfragmenten und mit Hilfe einer Bohrmaschine drei Skulpturen, die sie nachts ins Wasser werfen. Die Freude ist groß, als einige Tage später unter den Kameras internationaler Fernsehsender drei stilisierte, gotisch gelängte Köpfe aus dem Kanal gehoben werden. Einige Vertreter der Fachwelt sind sicher, dass es sich aufgrund ihrer eindeutigen Stilmerkmale nur um Werke Modiglianis handeln könne. Als sich die medialen Wellen überschlagen, beschließen die drei jungen Fälscher, ihre Urheberschaft einzugestehen. Doch einige Spezialisten, die sich dadurch blamiert fühlen, bezichtigen die Männer der Falschaussage. Vor laufender Kamera schaffen deshalb die drei jungen Fälscher nochmals Werke in bewährter Manier, um den Beweis für ihre Aussage anzutreten.

Der Individualist zwischen Tradition und Avantgarde

Kunsthistorisch erscheint Amedeo Modigliani als souveräner Einzelgänger, obgleich er integraler Bestandteil der Pariser Künstlerboheme vor und während des Ersten Weltkriegs ist. So verkörpert sein Werk die Autonomie des bekennenden Individualisten. Wie ein monolithischer, einsamer Block ragt sein Œuvre in der Kunst der Moderne auf. Er hat zu keiner Schule gehört, ist keinem stilistischen Trend seiner Zeit gefolgt und hat seinerseits keine Nachfolge gefunden. Modiglianis Schaffen kennzeichnet eine besondere Resistenz gegenüber den künstlerischen „Ismen" seiner Epoche. Dieser Umstand lässt ihn wie einen schöpferischen Einzelkämpfer beinahe außerhalb der Zeit erscheinen. Er repräsentiert mit seinen Werken eine janusköpfige Avantgarde, die klassische Ästhetik mit Stiltendenzen der Moderne verbindet.

Statt Dynamik und Bewegung herrscht in seiner Bildsprache ruhige, beinahe zeitlose Harmonie, und seine Porträtkunst scheint Menschen wie Stillleben zu beschreiben. So hat man seine eigentümlich gelängte Gestaltwelt mit den überlangen Hälsen der Werke des italienischen **Manierismus*** von Pontormo und Parmigianino in Verbindung gebracht. Sein früher Biograf André Salmon spricht von Modiglianis „Gefühl für die aristokratische Form", und in der Tat prägt seine Kunst eine besondere Noblesse, die nicht zuletzt durch die feingliedrig-gelängte Stilisierung seiner Gestalten getragen wird.

Modigliani gelingt mit seinem Œuvre ein beispielloser ästhetischer Spagat. Es ist einerseits der Tradition und einer spezifischen Form der Italianità verbunden, und andererseits vollführt er eine dezidiert moderne, ganz individualistische Form

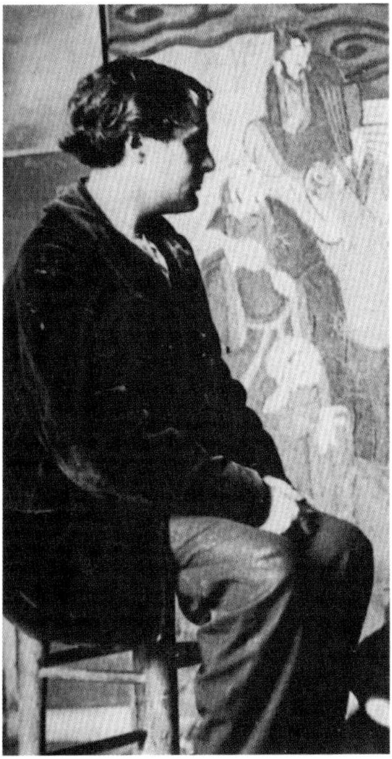

Eines der letzten Fotos von Modigliani, Paris 1919

der Assimilierung verschiedener zeitgenössischer Tendenzen der Pariser Avantgarde. Zu deren radikalen Infragestellung überkommener Gestaltungsweisen bleibt Modigliani auf Distanz, was sich vornehmlich in dem Umstand manifestiert, dass er das Porträt und den Frauenakt zu seiner eigentlichen künstlerischen Domäne wählt. Doch seine Vorliebe für diese beiden malerischen Genres muss man nicht zwangsläufig als antimodernistische, traditionsgebundene Verweigerung betrachten. Vielmehr öffnet er sie gerade für die Innovationen der Moderne. So sind Modiglianis Bildnisse nicht mehr an den überkommenen ästhetischen Wertmaßstäben der Porträtmalerei zu messen. Ihr hoher Stilisierungsgrad und ihre mehrheitlich „toten" Pupillen verleihen ihnen den Status autonomer Kunstwesen.

Im Strudel der vielfältigen Avantgardetendenzen vor und während des Ersten Weltkriegs schafft Modigliani eine sehr individualistische Synthese unterschiedlichster Einflüsse. In allem ist er künstlerisch auf der Höhe seiner Zeit und bleibt doch ganz er selbst. Schließlich ist Modigliani der große bildnerische Chronist der Pariser Künstlerboheme mit ihren Literaten, Kunsthändlern, Malern und Bildhauern geworden. Das Werk ist ein facettenreiches Panoptikum dieser Individualisten, von der Hand eines der größten bekennenden Individualisten.

FUTURISMUS *Die italienische Kunstbewegung der Moderne propagiert eine moderne, zeitgemäße Ästhetik, die das Maschinenzeitalter, Dynamik und Geschwindigkeit verherrlicht. Am 20. Februar 1909 veröffentlicht der italienische Dichter Filippo Tommaso Marinetti das Erste Futuristische Manifest in Paris, in dem es heißt: „Wir erklären, dass sich die Herrlichkeit der Welt um eine neue Schönheit bereichert hat, die Schönheit der Geschwindigkeit." Zu den künstlerischen Hauptvertretern zählen Modiglianis venezianischer Mitstudent Umberto Boccioni sowie u. a. Giacomo Balla, Gino Severini und Carlo Carrà.*

IMPASTO *Das Impasto (ital.: Gemisch, Teig) bezeichnet eine Maltechnik, bei der die Farbe so dick aufgetragen wird, dass einzelne Pinselstriche oder Spuren des Malmessers sichtbar sind. Die Impastotechnik ist durch ausgeprägte Texturen und zerklüftete Maloberflächen gekennzeichnet. Das bevorzugte Malmittel für das Impasto ist die Ölfarbe. Andere Malmittel sind aufgrund ihrer flüssigeren Konsistenz weniger geeignet.*

KARYATIDE *Antike weibliche Trägerfigur, die an Gebäuden Pfeiler oder Säulen ersetzt oder Fassaden strukturiert. In dieser architektonischen Funktion ist der Atlant das männliche Pendant zur Kariatyde. Der Autor Vitruv erwähnt in seinen Zehn Büchern über Architektur als erster Autor der Antike diese Skulpturen und beschreibt sie als „mit langen Obergewändern bekleidete, weibliche Marmorstatuen". Sie werden „an Stelle von Säulen an einem Bau aufgestellt und darüber Kragsteine und Kranzgesime gelegt".*

MACCHIAIOLI *Die Macchiaioli sind eine italienische Avantgardebewegung der Jahre 1855 bis ca. 1865, die sich hauptsäch-*

lich der Landschaftsmalerei widmete. Der Begriff leitet sich von „macchia" (ital.: Fleck) ab, da die Künstler ihre Bilder in summarischen Farbflecken gestalteten. Zeitlich und ästhetisch sind die Macchiaioli eine Parallelentwicklung zu den Freiluftmalern der Schule von Barbizon in Frankreich. Der ursprünglich negativ besetzte Begriff wurde von den Künstlern selbst zur Kennzeichnung ihres Stils übernommen. Der Maler Giovanni Fattori, vorübergehend Lehrer von Amedeo Modigliani in Florenz, war einer der Vertreter dieser Bewegung.

---

* **MANIERISMUS** *Der Manierismus (ital. „maniera" = Manier, Stil) ist ein kunstgeschichtlicher Stilbegriff, der die europäische Kunst zwischen ca. 1520 und 1600 charakterisiert. Er beschreibt die Übergangsphase von der Spätrenaissance zum Frühbarock. Die Betonung der individuellen künstlerischen Handschrift, der „maniera", steht in dieser Zeit im Vordergrund. Formale Kennzeichen sind forciert artifizielle und gesucht komplexe Gestaltungsmuster. Hierzu gehören die Überlängung der Gliedmaßen oder stark verdrehte Körperhaltungen, für die die sog. figura serpentinata (ital., wörtlich: Schlangenfigur) kennzeichnend ist. Mustergültige Vertreter des Manierismus in Italien sind Bronzino, Pontormo und Parmigianino.*

---

* **ORDNUNGSRUF / RAPPEL À L'ORDRE** *Der „Ordnungsruf" ist ein ästhetischer Schlüsselbegriff in Frankreich am Ende des Ersten Weltkriegs. Die künstlerischen Avantgarden vor dem Krieg werden zunehmend als überspannt abqualifiziert. Frankreich – so der Tenor der konservativen Kunstkritik – solle sich nun auf seine kulturellen Wurzeln besinnen. In diesem Zusammenhang wird eine Rückkehr zur Figürlichkeit und zum Klassizismus propagiert.*

* **SALON DES INDÉPENDANTS** *Im Sommer 1884 gründen mehrere Künstler, darunter die Pointillisten Georges Seurat und Paul Signac, den Salon des Indépendants. Hierbei handelt es sich um eine Initiative, das Ausstellungsgeschehen der staatlichen Reglementierung und Kontrolle zu entziehen. In bewusster Abgrenzung zum offiziellen Ausstellungssalon heißt die programmatische Devise des Salon des Indépendants: „Ni jury – ni récompenses." (franz.: Keine Jury – keine Preise).*

Ausgewählte Literatur

Ceroni, Ambrogio, Piccioni, Leone: *Das gemalte Werk von Amedeo Modigliani*, Stuttgart 1970

Marchesseau, Daniel (Hrsg.): *Modigliani*, Ausst.-Kat. Fondation Pierre Gianadda, Martigny 1990

Restellini, Marc: *Modigliani. The Melancholy Angel*, Ausst.-Kat. Musée de Luxemburg, Paris 2003

Klein, Mason (Hrsg.): *Modigliani. Beyond the Myth*, Ausst.-Kat. Jewish Museum, New York, Art Gallery of Ontario, Toronto, Phillips Collection Washington, 2004

Braun, Emily, Fraquelli, Simonetta, Silver, Kenneth E., u. a.: *Modigliani und seine Modelle*, Ausst.-Kat. Royal Academy of Arts, London 2006

Vitali, Christoph (Hrsg.): *Amedeo Modigliani. Ein Mythos der Moderne*, Ausst.- Kat. Kunst- und Ausstellungshalle der Bundesrepublik Deutschland, Bonn 2009

Fraquelli, Simonetta, Ireson, Nancy: *Modigliani*, Ausst.-Kat. Tate Modern, London 2018

Parisot, Christian: *Modigliani*, Frechen 2001

Kruszynski, Anette: *Amedeo Modigliani. Akte und Porträts*, München 1996

Lipchitz, Jacques: *Amedeo Modigliani*, London 1968

Salmon, André: *Amedeo Modigliani. Sein Leben und sein Schaffen, seine Briefe und Gedichte*, mit einem Nachwort von Jeanne Modigliani, Zürich 1960

Silver, Kenneth E.: *The circle of Montparnasse. Jewish artists in Paris, 1905–1945*, New York 1985

Meyers, Jeffrey: *Modigliani. A Life*, New York, London u. a. 2006

Modigliani, Jeanne: *Modigliani. Man and Myth*, London 1958

Secrest, Meryle: *Modigliani. A Life*, New York 2011

Schmalenbach, Werner: *Amedeo Modigliani*, München 1990

Standorte der abgebildeten Werke

Cover/S. 69: Museum of Modern Art, New York, Gift of Mr. and Mrs. Nate B. Spingold

Vorsatz/S.76: Privatsammlung

Nachsatz/S. 23: Privatsammlung

S.10/11: Museo Civico G. Fattori, Livorno

S. 17: Pinacoteca di Brera, Mailand

S. 19: Hecht Museum, University of Haifa

S. 21: Galerie Schmidt, Paris

S. 24: Musée des Beaux-Arts de Rouen

S. 26: Collection of Mr. And Mrs. Paul Mellon, National Gallery of Art, Washington

S. 27: Privatsammlung

S. 29: Abelló Collection, Madrid

S. 35: Princeton University Art Museum, New York, Dauerleihgabe von: The Henry and Rose Pearlman Foundation

S. 36: Privatsammlung

S. 37: Tate Modern, London

S. 38: Centre Georges Pompidou, Paris

S. 40: Sammlung Angela Rosengart, Luzern

S. 41: Kunstsammlung Nordrhein-Westfalen, Düsseldorf

S. 48: Albertina, Wien

S. 49: Art Institute of Chicago

S. 50: The Barnes Foundation, Pennsylvania

S. 52: Musée de l'Orangerie, Paris

S. 57: Kunstsammlung Nordrhein-Westfalen, Düsseldorf

S. 58: Musée des beaux-arts de Quimper

S. 62: Privatsammlung

S. 64: Art Institute of Chicago

S. 71: Yale University Art Gallery, Bequest of Mrs. Kate Lancaster Brewer

S. 72: Tate Gallery, London, Schenkung von Miss Jenny Blaker in memoriam Hugh Blaker, 1941

S. 73: Privatsammlung

S. 74: Privatsammlung

S. 77: Musée du Louvre, Paris

S. 79: Albertina, Wien, Sammlung Batliner

S. 81: Statens Museum for Kunst, Kopenhagen

S. 83: Museu de Arte Contemporânea da Universidade de São Paulo

S. 87: Kunstmuseum Bern

Impressum

Konzeption der kleinen Reihe
Martina Padberg

Verlagslektorat & Redaktion
Rosa Baumgartner
Thomas Hauffe

Satz und Gestaltung
Christian Padberg

Gesamtherstellung
Wienand Verlag

Printed in Germany

Erschienen im
Wienand Verlag
www.wienand-verlag.de
Weyertal 59, 50937 Köln

ISBN 978 3 86832-574-4

Umschlagabbildungen
Einband: Amedeo Modigliani: *Porträt Jeanne Hébuterne*, 1919 (Ausschnitt); Vorsatz: *Liegender Akt (nach links gewendet)*, 1917 (Ausschnitt); Nachsatz: *Die Amazone*, 1909 (Ausschnitt)

Der Autor dankt
Dr. Anette Wohlgemuth für fruchtbare Diskussionen und ihre Umsicht bei der Durchsicht des Manuskripts.

Fotonachweis
akg-images: Vorsatz, S. 16, 17, 26, 27, 29, 30 (Maurice Babey), 31 (Nimatallah), 45, 48, 49, 50, 62, 76, 77, 79, 81, 87, 89; Archiv Wienand Verlag, Köln: Cover, S. 7, 9, 12,13, 22, 24, 33, 35, 37, 41, 46, 58, 61, 64, 68, 69, 72, 73, 74, 91; Bridgeman Images: Nachsatz, S. 9, 10 (© Dario Grimaldi), 21, 23; bpk: S. 38 (Photo © Centre Pompidou, MNAM-CCI, Dist. RMN-Grand Palais / Philippe Migeat), 52, 57; Christie's: S. 36; Flickr: S. 78; mauritius images: S. 43 (Foto: Paul Guillaume, Archives Jean Bouret, Paris; Paris, Alain Bouret), 58, 71, 72; mauritius images / Artepics / Alamy: S. 19; mauritius images / Sowa Sergiusz / Alamy: S. 40; VG Bild-Kunst, Bonn 2021 / Foto: Jean Cocteau / Modigliani Institut Archives Légales, Paris-Rome, photographic processing by Anna Marceddu: S. 55

Gefördert vom
Verein zur Förderung von Kunst, Buchkultur und Medien e.V.

Bibliografische Information der Deutschen Nationalbibliothek
Die Deutsche Nationalbibliothek verzeichnet diese Publikation in der Deutschen Nationalbibliografie; detaillierte bibliografische Daten sind im Internet über http://dnb.de abrufbar

Wienand-Publikationen werden weltweit in führenden Buchhandlungen und Museumsshops angeboten (Vertrieb in Europa, Asien, Nord- und Südamerika).

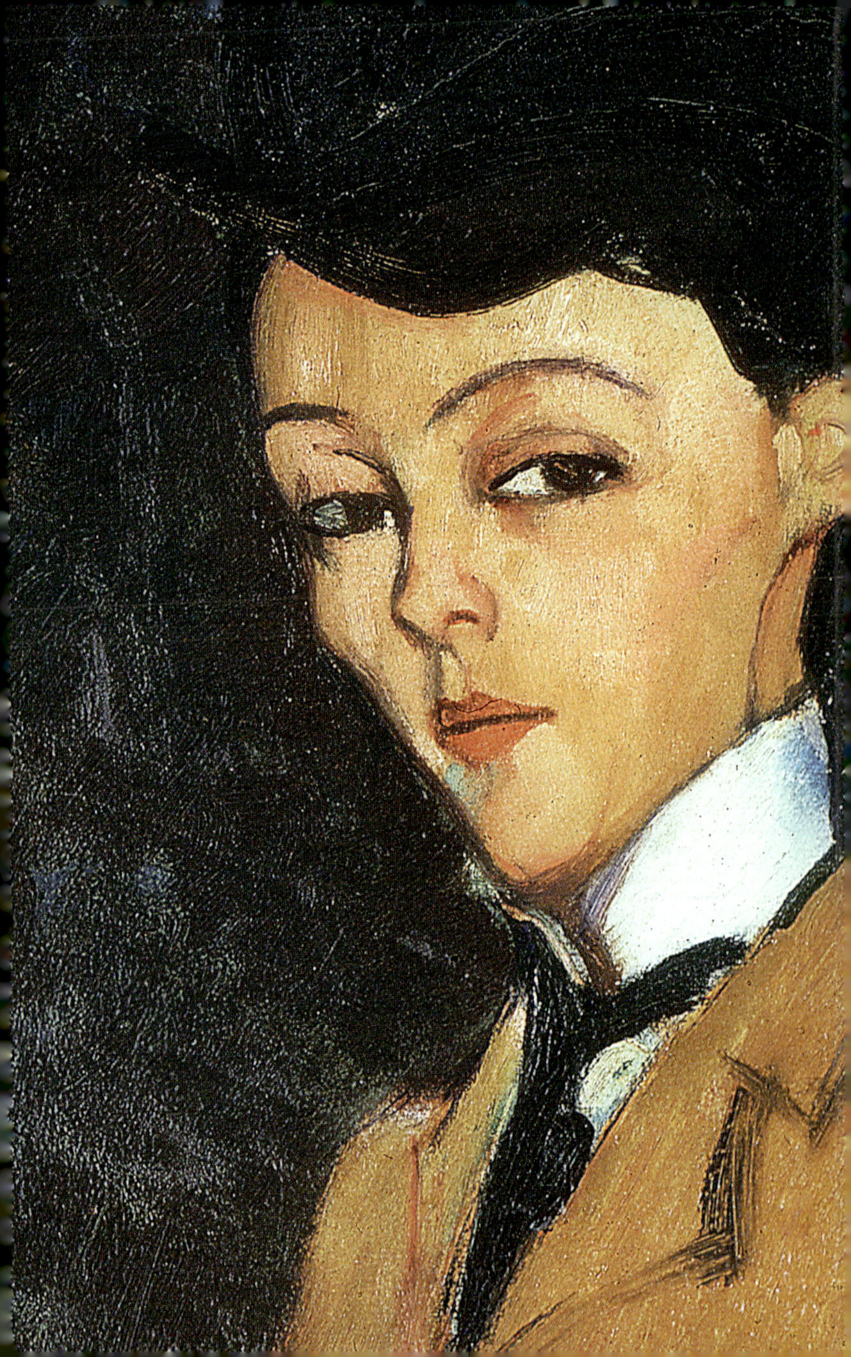